JN015522

吉戒　孝 ㊟
新発田 滋

独立型出資構想と
地域金融機関の
役割

地方創生を支える
「コア企業」の未来

一般社団法人 金融財政事情研究会

はじめに

　私は、2019年にふくおかフィナンシャルグループ副社長・福岡銀行副頭取を退任し、同年、金融庁から「金融仲介の改善に向けた検討会議」の委員を仰せつかりました。そこでは、「地方銀行の今後のあり方」なども議論され、私は、「地元の中堅企業を育て、後押しすることが地方銀行の役割である」と発言し、また、「『銀行が中堅企業の株式の一定程度を保有すること』が有効な手法の一つと考える」と発言しました。

　また、あわせて、「地方銀行が中堅企業としっかりとした取引を展開するといっても、中堅企業の経営課題は、規模は多少小さくても大企業のそれとほとんど同質であり、たとえば海外展開とかM&Aさらには不振期に入った場合の事業再生など、通常の貸出中心の業務運営ではとうていカバーできない分野に相当のレベルの戦力を保持しなければならない。このような地方中堅企業に、メガバンクがまずもって正面から向き合うことは少なく、一方で、いまのままの多くの地銀ではそもそも戦闘能力に欠けているのではないか」とも発言し、「このような（投資銀行的な）戦闘能力をもつには人材や経験が必要で、人材の育成や経験の蓄積は、いまの太宗の地銀の総資産数兆円程度から創出される収益力ではむずかしく、規模と収益を充足しない限り、できることは、せいぜい、大手金融機関か証券・コンサルを紹介するぐらいにとどまるのではないか。この壁を乗り越えるには、まずもって数十兆円規模にまでその経営規模を拡大

して、同時にエクイティ戦略も自ら展開できるまで機能の拡充を図るべき。そして、そのような『広域地銀』はいまの地銀の数ほどは必要なく、中核都市所在を中心に、全国で1桁でも十分カバーできる」と発言しました。

　その後、この発言の内容について、いくつかお尋ねもいただき、また、金融庁内でも重ねてお話しする機会もいただきました。私の発言は金融庁での会議が発端であり、中堅企業のあり方を論じるというよりは、地域金融機関の今後の経営を論じたつもりでしたが、発言の背景には、地域金融機関の経営だけでなく、地方の中堅企業や地域経済についての考えもありました。

　そこで、「中堅企業の姿」や「地域経済や地域金融機関にとっての中堅企業」「中堅企業に対する銀行の株式保有」などについて私の考えを多くの方にお伝えしたく本書の執筆を思い立ちました。

　私自身が銀行在籍中は、経営企画全般に加えて主に経営統合がらみの業務や法人取引（いわゆる法人営業、事業再生、貸出審査）にかかわることが多く、個人取引についてはあまり経験や知見も持ち合わせていないため、こういった切り口になったという面もあります。

　このところ「地銀には将来がない」とか、存在自体が否定されるような論調があるようですが、決してそんなことはないと思います。

　もちろんいまのままの地銀でいたらそんな将来も現実になりかねないと思いますが、本書では「経営統合等を通じて、全国

のいくつかの地域に資産規模数十兆円の大規模地銀が誕生する。そして、そこでは中核都市を中心に現在の県単位の地域ではないもう少し広い地域の大企業・中堅企業・中小企業をすべてカバーすると同時に、量だけでなく質の面でもこれまで弱かった投資銀行機能などを備える、そんな、いわばスーパーリージョナルな『広域地銀』に再編・成長していくことを目指すべきではないか」「同時にこのような『広域地銀』とは別に、地元小企業、個人事業などに徹底したリレーションシップバンキングを展開する地銀が必要」とも述べさせていただきました。

最近はDX、ネット、顧客の資産運用など、どこの地銀の中期経営計画も同じような戦略や方針で埋め尽くされています。

表紙を変えたらどれも同じとも感じます。いずれの戦略も、セグメントとしては主に個人にフォーカスされているようですが（もちろん法人においても事業承継などはちゃんと記載されてはいますが）、私たちが最も得意としてきた法人向け金融サービス、それも「空中戦」ではないリアルな「地上戦」こそもう一度その重要性を考えてみるべきではないでしょうか。

事業承継・業界再編・M&A・エクイティ投資など、これらをまるで「空中戦」みたいに考える向きもあろうかと思いますが、経験的に私にはこれら法人戦略はすべて「地上戦」の延長線上だと映ります。

長引く低金利もあって「法人事業融資は儲からない」とかいわれているようです。たしかに、これまで地銀の貸出ボリュームを稼いできたクレジットのよい企業向けの単品商品としての融資だけでは法人取引分野を成長ドライバーとみるわけにはい

かないのもよくわかります。

　しかしながら、本書は地銀にとってこれから最も力を注ぐべき法人取引は地域の「中堅企業」ではないかとの立場です。

　というのも、地域の将来を考えたとき、雇用やあらゆる面でいわゆる地方創生に重要な役割を担うのは地域の中堅企業だと考えるからです。

　そして中堅企業がその地域に根付いて、成長することで地域がよくなっていかないことには地銀自体もその存在が脅かされるからでもあります。

　法人取引を低採算だなどと結論づけずに、これまで長い歴史のなかで培ってきた「地上戦」の戦闘能力をさらに磨き上げていくべきではないでしょうか。

　本書の第5章で詳しく述べていますがメガバンク、大手証券といった大手金融機関は大都市にある大企業のニーズを受けて、地方の中堅企業に資本提携やM&Aをもちかけるケースは時折ありますが、地方中堅企業を起点にその金融ニーズを受け止めるような動きは滅多にないようです。

　このような地方中堅企業を向いた金融取引の担い手は結局のところ地域金融機関、それも従来型の地銀ではない相当規模の「広域地銀」でなければならないと考えます。

　最近、企業取引において、特にコロナ禍以降、エクイティ業務に力を入れられるよう銀行の株式保有規制が一定の条件のもとで緩和されたり、「貸出だけの1本足営業ではだめだ」「エクイティでもしっかり事業展開しなさい」との声が日増しに大きくなっている気がします。

それはたしかにそうなのですが、こういった分野は急に取り組めるものでもありませんし、投資専門の子会社をつくったからといってすぐに何か目にみえるような成果があるわけでもないと思います。

　金融機関側のしっかりした財務基盤、収益力を背景にした人材の教育・確保、専門家ネットワーク、そして何よりも経験がモノを言う世界です。

　PEファンドなどが展開している、投資からハンズオンによる事業価値のアップへの過程など、１度経験するのとしないのでは大違いです。

　「広域地銀」でこのような中堅企業取引を担う人材には、とにかく１度、PEファンドでも再生ファンドでもいいから武者修行に行って経験を積ませるべきと考えます。

　ファンドは基本的に一定の期間内に事業価値（≒株式価値）を高めて、いずれは出口から退場してそこで得られた利益を投資家にお渡ししなければなりません。

　つまり企業と向き合う期間は企業の長い歴史のなかではほんの短い時間だということです。

　出口を求めざるをえないファンドの宿命ではありますが、ただこの短い期間であっても、企業経営に深く関与して、経営人材を探してきたり、販路を拡大したり、さらには従業員のモチベーションを高め、コンプラ意識の改善まで実行するわけです。

　このようなことは経営権をとらない銀行にいては実際にはやれない、あるいはやらないのが普通です。

しかし支配株主となって経営権をとらずとも、銀行でも同じような観点で取引先企業の事業価値向上へ一定の力を発揮するべきではないでしょうか。

　その意味で銀行の特に若い行員をファンドで武者修行させる意義は小さくありません。

　地銀に就職を希望する人のほとんどが、最初は「法人取引を通じて地域経済に貢献したい」とか、「地元企業の成長、再生を後押ししたい」とかいいながら入行してくるわけですが、入行後はそのような初めに掲げた理想とはややかけ離れた現実に放り込まれることが多いと思います。

　もちろんいきなり事業会社取引といわれても困るわけで、どこにでも一定の雑巾がけ仕事はあると思いますが、できるだけ早い時期に法人取引の中心にある貸出業務を通じて「リスクをとる」ということを学ぶ必要があります。

　よく事業性評価といわれますが実際にはなかなかむずかしく、そう簡単なことではないのが実情です。

　ところがPEファンドなどではまさにこれが肝なわけで、投資するに際して相手企業の事業性をどうみるか、過去の評価だけでなくこの先どうなるかこそが最も重要な点です。

　そして、どうすれば現状以上に事業性を高めて、ありていにいえば「どこをどうすればどれくらい価値をあげられるか」ということになります。

　地域金融機関で働く若い行員に、出向でもなんでもいいからこのようなPEファンドの仕事を経験してもらえれば、銀行で考えていた事業性がもっとリアルに感じられるのではないかと

思います。

　私は以前銀行の内外で事業再生に関する研修などでお話しさせていただく機会が多くありました。

　そこでは知識、特に倒産法や専門的な分野に関する話ではなく（もとより筆者自身にそのような知見もないので）、なぜ事業再生なのか、銀行に働く者としてどう考えるべきなのかなどについて実例に沿ってお話しさせていただきました。

　この会社は法的整理ではなくなぜ私的整理にこだわったのか、法的整理になるとどんなことが予想されるのか、われわれの努力で何を達成できて、何が達成できないのか、私的整理の現場で展開される利害抗争などどろどろした話とはいったん距離を置いて、ある意味きわめて書生っぽい、青臭い話をするわけです。

　おそらくは普段の銀行業務のなかではあまり考えることがなかったであろう、たとえばわれわれの努力でどれほどの雇用を守れるのか、地元取引先への連鎖を断ち切ることができるのかなどです。

　そして結局のところ、それらのすべては銀行に働く者としての矜持であったり、志によるのだという話をしました。

　このような話は普段の仕事ではあまり聞きなれないこともあってか、目を輝かせて聴いてくれましたし、これからの自分たちの仕事に誇りをもって取り組めるという感想もいただきました。

　本書は、地元中堅企業を独立したまま地元で成長してもらうにはどうしたらいいかなど、本質的にはこのような事業再生の

話とまったく同じ視点に立った立場です。

　会社はだれのものか、ガバナンスのあり様など多くの論点は
あろうかとは思いますが、そういった空中戦的議論ではなくも
っと地上戦的な、もしかしたらとても昭和的なお話をこれから
させていただきたいと思います。

2023年3月

吉戒　孝

はしがき

　私の吉戒さんとのおつきあいはKPMG FAS在職中に福岡銀行を訪問して以来です。すでに20年近くになり、これまで、吉戒さんが中心になって取り組まれた企業再生や銀行再編、エクイティファイナンス業務などでご一緒させていただきました。

　KPMG FAS退職後に福岡キャピタルパートナーズにお世話になるご縁をいただいたところ、吉戒さんは程なく同社の会長にご就任され、さらにお話しする機会も増え、本書の「はじめに」や「おわりに」で記された内容など、地域経済や地域金融機関のあり方などについてもご意見をうかがってきました。いろいろな場での会話が中心となって共同での執筆に至ったものです。

　本書は、「中堅企業」を大企業とも中小企業とも異なる存在と認識して、「中堅企業」を主題に地域の活性化と地域金融機関の将来を論じます。企業は、規模により「大企業」「中小企業」と２つに分類されて論じられていますが、ここでは、「大企業」「中堅企業」「小企業」と３つに分類して論じます。そのうち、特に「中堅企業」に着目してその役割やニーズを理解することから始め、「中堅企業」を地方創生のための「コア企業」と理解して、地域経済の機能や地域金融機関の業務を展望します。

　本書の趣旨は、以下になります。

１．中堅企業の観点では

① 中堅企業の多くは「企業活動自体を企業の目的とする」経営を行い、「独立」で存続することを望む。

② 中堅企業には「利益確保と競争力の維持向上」「会社らしい会社経営」「社会的存在であることの認識」が求められる。

③ 中堅企業には小企業とも大企業とも異なる「中堅企業に特有の資本面の課題」がある。事業承継はその典型であり、「独立」維持のためには、小企業や大企業とは異なる解決方法を要する。

2．地域経済の観点では

① 中堅企業が発祥の地で成長し、首都圏だけでなく各地で存続することが地域経済にとって重要である。

② そのため、地域経済は中堅企業が「独立」で存続することを望む。

③ 地方中核都市が「首都型の産業」の集結する場として整備され、各地域と半日交通圏として結ばれることが、中堅企業のニーズを充足し、地方創生につながる。

3．地域金融機関の観点では

① 地域経済にとって重要な存在である中堅企業と実のある取引関係の構築が課題である。

② そのため、地域金融機関は中堅企業が「独立」で存続することを望む。

③ 地域金融機関が中堅企業と実のある取引関係をもつためには、「投資銀行と分類される業務を、地域に所在する中堅企業のあり様をふまえた内容で提供する」ことが必要である。

4．企業のステークホルダーによる出資構想

「中堅企業に特有の資本面の課題」を「独立」維持のかたち
で解決するため、「企業のステークホルダーによる長期保有の
株式出資」を解決策として構想する。この出資は、成長のため
のリスクマネーとは異なる性格のリスクマネー供給となる。
５．金融機関の株式保有
　金融機関は上記構想の中心であり、金融機関の株式保有規制
の緩和を求めたい。
　金融機関の株式保有は出資先の企業だけでなく地域経済に資
するものであり、また、金融機関の中堅企業との取引進展にも
有用である。

2023年3月

　　　　　　　　　　　　　　　新発田　滋

目　　次

第1章　地方創生の現状と地域金融機関の役割

第2章　コア企業とは何か
――「大企業・中堅企業・小企業」の比較

第4章　コア企業と地域経済

第5章　コア企業と地域金融機関

第6章　コア企業の「独立」──従来の手法

第8章	独立型出資構想と金融機関

第9章	地域金融機関の役割 ——地域金融機関型投資銀行業務

地方創生の現状と
地域金融機関の役割

本書は、「地域の外から稼ぐ中堅企業」を地方創生のための「コア企業」と着目して、コア企業と地域経済について、また、コア企業と地域金融機関について論じます。コア企業の事業運営から生じる事業上のニーズおよびコア企業を含む中堅企業に特有の事情を考え、コア企業が発祥の地である地域にとどまり地域経済の中核として活動するために地域が備えるべき内容と、地域金融機関による「コア企業」への新たな出資形態を「独立型出資構想」として検討し、地域金融機関の役割を考えます。

　「中堅企業」を大企業とも中小企業とも異なる存在と、本書では認識します。企業を「大企業と中小企業」の２種類に分類して論じるのではなく、「大企業・中堅企業・小企業（および零細企業）」の３分類に分類して認識し、そのうち、「中堅企業」なかでも国内地域外や海外へ販路を有する企業を、地域経済にとっての「コア企業」として施策の中心に置くべき存在であると考えるものです。

　地域創生と地域金融機関の現状をみるなかで、「中堅企業」「コア企業」について取り上げることから始めます。

1　地方創生の現状

　地方創生が叫ばれて久しくなりました。政府は2016年施行の「まち・ひと・しごと創生法」のもと、内閣官房まち・ひと・しごと創生本部（本部長総理大臣、副本部長担当大臣）と内閣府

地方創生事務局をもって、地方創生に取り組んでいます。

(1) 政府の「地方創生総合戦略」

閣議決定された「まち・ひと・しごと創生総合戦略」（以下「総合戦略」）の2020年に改訂された第2期（2020年改訂）が公表されています。

a 目指すべき将来

そこでは、地方創生の目指すべき将来として「将来にわたって活力ある地域社会の実現」と「東京一極集中の是正」をあげ、「世界も視野に入れて、競い合いながら、観光、農業、製造業など、地域ごとの特性を活かして 域外から稼ぐとともに、域外から稼いだ資金を地域発のイノベーションや地域企業への投資につなげる等、地域の隅々まで循環させることにより、地域経済を強くしていく」ことを具体的に目指すべき内容の一つとして、「**地域の外から稼ぐ力を高め、地域内経済循環を実現する**」ことが述べられます。

b 主な施策の方向性

そして、「目指すべき将来」に向けた「主な施策の方向性」として以下などが打ち出されています。

---

(1) 地域資源・産業を活かした地域の競争力強化

  ① 地域企業の生産性革命の実現

  ② 地域経済を牽引する企業に対する集中的な支援

    ・地域の中堅・中小企業のなかから、潜在的な成長力の高い企業として選定する「地域未来牽引企業」が

海外需要を獲得し、あるいは、地域資源を活用して
付加価値を創出できるよう、重点的に支援する

③　農林水産業の成長産業化

④　地域の魅力のブランド化と海外の力の取り込み

⑤　継続的な地域発イノベーション等の創出

⑥　地域産業の新陳代謝促進と活性化

・地域発の創業を促進するため、専門家によるハンズ
オン支援や、起業家教育の推進など、地域における
創業支援体制および創業に関する普及啓発体制の整
備を促進する

・グローバルで成長するスタートアップを創出すると
ともに、ロールモデルの創出により、自ら企業を立
ち上げてチャレンジをするという起業家マインドを
社会全体で醸成する

・事業承継を強力に支援し、親族内承継時の相続税・
贈与税の負担を実質ゼロにする事業承継税制につい
てさらなる活用促進を図る

・M&Aも含めて、各都道府県に設置された「事業承
継支援センター」におけるマッチング支援を強化す
る。地域金融機関には、創業から事業の継続的な拡
大、事業承継・第二創業などの地域企業の事業ス
テージに応じた伴走支援等が求められる

⑦　地域金融機関等との連携による経営改善・成長資金
の確保等

・地域金融機関には、事業へのアドバイスとファイナ

ンスを通じて、地方創生への一層積極的な関与が求められる

・マーケット規模が十分でない地域での事業展開や未来技術などの新たなイノベーション創出においては、官民一体となったリスク性資金の供給を推進する。銀行の議決権保有制限（いわゆる５％ルール）緩和措置をふまえ、地域金融機関の当該措置の有効活用を図る

(2) 専門人材の確保・育成

経営人材や即戦力となる専門人材の確保に向けて、地域金融機関や商工会議所等の経営支援機関との連携を強めるなど、地域を支える事業主体の経営課題解決に必要な人材マッチング施策を抜本的に強化する。地域金融機関は、地方公共団体や取引先とのネットワークを通じ、各地域の事情に精通していることから、その能力をより一層活用することが重要である

(内閣官房・内閣府総合サイト「地方創生」ホームページ「第２期「まち・ひと・しごと創生総合戦略」(2020　改訂版)」39〜45頁より筆者作成)

このように、「総合戦略」では、「創業・起業」と「事業承継」を大きなテーマとしています。「創業・起業」については、「グローバルなスタートアップ」「地域における創業支援や創業の普及啓発」などが述べられ、「事業承継」については、「相続税や贈与税の負担軽減のための事業承継税制」や、「県単位での事業承継向けのM&Aマッチング支援」などが述べられ

ます。地域金融機関による事業へのアドバイスやリノベーションのためのリスクマネー資金の供給、また、地域金融機関や商工会議所の連携による専門人材確保もあげられますが、それらも「創業・起業」と「事業承継」を中心とする内容と理解できるでしょう。

(2) 「地方創生総合戦略」について

政府の「総合戦略」が示すように「地域の外から稼ぐ力を高め、地域内経済循環を実現する」ことが「目指すべき将来」の一つであることに異存はないところです。しかしながら、その「目指すべき将来」と具体策としての「主な施策の方向性」が一致するか、疑問も感じます。

a 「地域の外から稼ぐ」「地域内経済循環」企業とはどのような企業か

地方創生の担い手となる「地域の外から稼ぐ」「地域内経済循環」の担い手となる企業とはどのような企業とイメージできるでしょうか。

「地域の外から稼ぐ」ということですから、地域に存在する企業が、国の内外に販売先を確保して、当該企業が生産する製品やサービスの多くを、国内地域外や海外へ販売するということでしょう。そして、「地域内経済循環を実現する」とは、当該企業が、地域内に所在する企業を取引先として仕入れを行って取引連鎖を生じさせることで、また、地域内での多数の雇用や多額の納税のかたちで、国内地域外や海外から稼いだ資金を地域内で支払う、その結果、地域が潤い、波及として、地域で

6

新たなイノベーションが生じるという循環を期待するということでしょう。

　すると、「地域の外から稼ぐ」「地域内経済循環を実現する」企業とは、地域外への販売と地域内での仕入れや雇用を相応の規模で行う企業となりますから、それは、業界で相応の地位を占め、相応の規模をもった企業となります。また、地域外国内や海外を販売先とする製品やサービスを提供する業種に属するのでなければ、「地域の外から稼ぐ」企業にはならないわけで、小売・飲食・地域交通などは、売上高が相応の規模でも、販売先は地域内に存在し、仕入先の多くは地域外に存在することが多い業種であり、いわば、地域内完結企業（あるいは地域で稼ぎ地域外へ支払を行う企業）であって、地域経済として重要であるには違いないものの、「地域の外から稼ぐ」企業には該当しないことになります。加えて、企業が「相応の規模」にまで成長するには、創業から相応の年数を要するものですから、「地域の外から稼ぐ」「地域内経済循環を実現する」企業として地方創生に貢献すると認知される企業は、創業期の企業ではなく、創業から相応の年月を経た企業となります。

　結局、「地域の外から稼ぐ」「地域内経済循環を実現する」地方創生を担う企業の多くは、

・「国内地域外や海外を販売先とする製品やサービスを扱う業種に属する」
・「業界では有力な存在である」
・「相応の規模をもった」
・「創業から相応の年数を経た」

企業になります。

　一方、「総合戦略」の「主な施策の方向性」では「創業・起業」を大きなテーマとして、官民をあげたイノベーションを創出する創業期を支えるリスク性資金供給や伴走支援、また、専門人材確保などが強調されるわけですが、

　創業期の企業は、

・「創業は業種を問わずなされるので、国内地域外や海外を販売先とする企業ばかりではない」

・「創業期であり、当然、業界で有力な存在ではない」

・「企業規模は小さい」

・「創業から間もない」

という特徴になりますから、創業期の企業のなかから「地域の外から稼ぐ」「地域内経済循環を実現する」にまで成長する企業が誕生することを期待することはもちろんとしても、創業期の企業は、「地域の外から稼ぐ」「地域内経済循環を実現する」企業とはだいぶ異なるようです。

　全国各地で創業がなされることは重要ですが、地方創生の目標を「地域の外から稼ぐ力を高め、地域内経済循環を実現する」とすると、「創業・起業」そのものが目標に合致するかは疑問です。

b　事業承継と「地域の外から稼ぐ」「地域内経済循環を実現する」企業

　また、「総合戦略」では「事業承継」が大きなテーマとされ、事業承継税制や県単位の事業承継M&Aが「主な施策の方向性」で述べられています。

後に詳しく述べます（第2章③、第3章③）が、「事業承継税制や県単位のM&Aマッチング」は、比較的規模の小さな企業で、オーナー経営にある中小企業を典型的な対象として有効な施策ではあっても、企業規模ほかの特性上、「業界では有力な存在である」「相応の規模をもった」などの特徴をもつ「地域の外から稼ぐ」「地域内経済循環を実現する」企業の事業承継では有効な施策とはならないものです。「事業承継」は業種を問わず多くの企業で生じます。円滑な事業承継が企業の存続に直結し、企業の存続がないと地域経済が衰退するという意味はあるものの、「地域の外から稼ぐ」「地域内経済循環を実現する」を地方創生の目標とすると、「事業承継税制や県単位のM&Aマッチング」を施策とする「事業承継」は、その目標とは特段結びつかないテーマといえるでしょう。

c　第一次産業の高度化、観光業

　結局、「主な施策の方向性」には、「地域の外から稼ぐ」「地域内経済循環を実現する」主体となる企業を対象とする施策は乏しいといえそうです。

　そのため、「農林水産業の成長産業化」や「地域の魅力のブランド化」という、第一次産業の高度化とインバウンドもねらう観光業が、「地域の外から稼ぐ」「地域内経済循環を実現する」につながる全国共通のテーマとして残ります。これら第一次産業や観光業の振興や高度化は、地域の面的な再生のテーマではあり、また、身近なテーマではあるものの、必ずしも、地域に所在する個々の企業に向けた施策ではないことが多いものです。

⑶ 中堅企業・コア企業

このように、「総合戦略」は地方創生を担う主体となる企業向けの施策に乏しく、また、目標と具体策が一致するか疑問に思うわけですが、企業向けの施策に乏しいことの背景に、企業を「大企業と中小企業」に2分類でとらえることがあるのではないか、「大企業、中小企業」の2分類でなく、「大企業、中堅企業、小企業（および零細企業）」の3分類でとらえ、「中堅企業」に注目すると、別の施策が出てくるのではないかとの観点が本書の出発点です。

上記⑵aであげたように、「地域の外から稼ぐ」「地域内経済循環を実現する」地方創生の主体となる企業は、「国内地域外や海外を販売先とする製品やサービスを扱う業種に属する」「業界では有力な」「相応の規模をもった」「創業から相応の年数を経た」企業ですから、それは一般にイメージされる「中小企業」よりは、比較的規模の大きな、そして、国内地域外や海外を販売先とする製品やサービスを扱う業界に属する「中堅企業」です。この「中堅企業」が「地域の外から稼ぐ」「地域内経済循環を実現する」を実現する「コア企業」です。この「中堅規模のコア企業」に焦点を当てると、求める「リスクマネー」や「経営人材」も、さらには「M&Aニーズ」や「経営課題」も、中小企業とは異なる内容で理解でき、金融機関の「伴走支援」も異なる内容として理解できるでしょう。

「主な施策の方向性」には「地域経済を牽引する企業に対する集中的な支援」として、「地域の中堅・中小企業の中から、

潜在的な成長力の高い企業として選定する『地域未来牽引企業』が海外需要を獲得し、あるいは、地域資源を活用して付加価値を創出できるよう、重点的に支援する」という内容があげられています。コア企業というべきすでに「中堅企業」となった企業が地域に所在し続けることの支援、また、コア企業に成長しうる潜在的な成長力の高い企業の成長が地域に所在したままで実現することの支援が地方創生につながるところです。

　中堅規模のコア企業のニーズを地域で充足する体制を整備することが地方創生につながります。

・「地域の外から稼ぐ」「地域内経済循環」を実現する企業は、「中堅規模のコア企業」
・「中堅規模のコア企業」のニーズを地域で充足する体制の整備が地方創生につながる

2　地域金融機関の役割

(1)　地域金融機関の経営状況

　地方銀行の2021年度当期純利益は大幅な増益となりました。日銀預け金利息の増加や調達コストの減少などによる資金利益の改善や、個人預り資産や法人関連手数料など役務取引等利益の向上を要因としています。一方で、貸出金は利回りの低下が

継続しており、貸出残高の堅調な増加にもかかわらず、貸出金利息の増加にはつながっていません。

　過去のトレンドをみると、リーマンショック以降、地域金融機関は厳しい収益環境にあります。2020年度まで当期純利益は減少傾向にあるほか、基礎的な収益力を示すコア業務純益は、過去10年以上にわたり趨勢的に減少を続けてきました（図表1−1、1−2）。

　また、2016年度から金融庁では、地域金融機関の本業利益として「顧客向けサービス業務の利益」（＝貸出残高×預貸金利回り差＋役務取引等利益−営業経費）を推計しており、毎年度発表する金融行政指針・金融サービスレポート等で、地域金融機関

図表1−1　地方銀行の利益合計推移

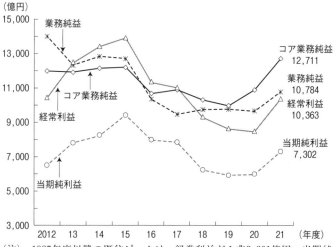

（注）　1985年度以降の既往ピークは、経常利益が1兆3,891億円、当期純利益が9,403億円（ともに2015年度）。
（出所）　全国地方銀行協会「地方銀行2021年度決算の概要」

の基礎的な収益力に関する指標としています。そして、「顧客向けサービス業務の利益」は、2017年度には、同年3月期において過半数の地域銀行（地方銀行、第二地方銀行、埼玉りそな銀行）でマイナスを示し、さらに、2018年度には、複数年度で連続赤字になっている銀行数が年々増加していることと、「一旦本業赤字となった銀行の多くで黒字転換ができない状況」と指摘しています（金融庁「平成27事業年度金融レポート」「平成28事業年度金融レポート」「平成29事業年度金融行政方針」「平成30事業年度金融行政のこれまでの実践と今後の方針」）。

　こうした収益の悪化は、多くの地域で企業数が減少するなど資金需要の継続的な減少や低金利の継続という経営環境のなか

図表1-2　全国地方銀行の貸出金・貸出利回り推移

○貸出金平均残高、貸出金利息、貸出金利回（2012年度を100として指数化）

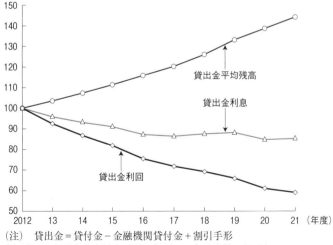

（注）　貸出金＝貸付金－金融機関貸付金＋割引手形
（出所）　全国地方銀行協会「地方銀行2021年度決算の概要」

で、ある程度貸出の伸びはあるものの、貸出利鞘が縮小し、資金利益が減少傾向にあることに加え、役務取引等など非資金利益が低水準であることによります。金融機関をめぐる環境変化をふまえて、自らのビジネスモデルの持続可能性について真剣な検討を行う必要がある旨の問題提起もなされています（金融庁「平成27事務年度金融レポート」）。

(2) 地域金融機関の役割についての議論と施策

一方で「地域金融機関に期待される役割」についての議論もなされており、そこでは、地域金融機関は「企業価値の向上、経済の持続的成長と地方創生に貢献する金融業の実現」を目指すべきものとされ、「銀行が保有するノウハウや人材、技術などを活用した地方創生への貢献」「銀行による出資を通じた地域の事業再生・事業承継やベンチャービジネスの支援」といった地域社会の課題解決に貢献することが求められるとされます（金融庁「平成27事務年度金融行政方針」など）。

金融機関に向けた国の施策として、金融機関の業務範囲規制・出資規制の抜本的な見直しや、経営基盤の強化に向けた一定の要件を満たす地域銀行の合併等についての独占禁止法特例法の制定といった法改正がなされています（2021年）。具体的には、金融機関は、出資規制が緩和されて地域活性化事業会社・事業再生会社・事業承継会社・ベンチャービジネス会社への投資専門子会社を通じた議決権100％出資が可能となり、また、フィンテック・人材派遣・地域商社などの銀行業高度化等会社の業務範囲拡大が可能となりました。

さらに、日本銀行は、地域経済を支えながら経営基盤強化に取り組んだ地域金融機関に対し、2022年度までの時限措置として、当該地域金融機関が保有する日銀当座預金に上乗せ金利（年＋0.1％）を支払うこととしています。

　地域金融機関には、地方創生への貢献という役割を果たしたうえで、利益を確保し安定した経営を維持することが望まれており、業務範囲の拡大と出資規制緩和という政策の活用と経営統合が促されています。

(3)　地域金融機関の取組み

　こうした経営環境と当局の動きのなか、地域金融機関でも、経営環境の厳しさに対する認識は広がっており、各種の取組みがなされています。地域金融機関の施策をまとめるとおおむね以下となるでしょう。

a　資金利益の施策
　①　事業性融資への取組み
　②　各種個人ローンの推進

b　非資金利益（役務取引等利益）の施策
　①　事業承継やM&A関連の手数料収入増強
　②　個人向けの金融商品販売や相続での手数料収入増強

c　経費削減や生産性向上への取組み
　・ITテクノロジー活用・店舗削減・自己所有不動産活用

d　業務範囲規制緩和・出資規制緩和を受けた取組み
　①　証券子会社の設立
　②　信託業務への参入

③　ITテクノロジー活用による別ブランドのデジタルバン
ク設立

④　地域活性化事業会社・事業承継会社・事業再生会社・ベ
ンチャー会社への出資のための投資専門会社設立

⑷　地域金融機関の取組みについて

a　個人取引に向けた施策が中心

地域金融機関の収益環境悪化の主因は、法人向け貸出の不振
ですが、施策の中心は個人取引向けといえそうです。

金融機関本体が行う個人向けローン（上記⑶a②）や金融商
品販売（上記⑶b②）が個人向けであることはもちろんです
が、証券子会社の設立（上記⑶d①）は、これまで金融機関窓
口で行っていた投資信託販売や保険販売による手数料収入獲得
にとどまらず、証券会社を設立して国内株式など金融商品の品
ぞろえを充実させて個人顧客での販売強化を目指すものです。
信託業務への参入（上記⑶d②）も、従来信託銀行との提携で
行ってきた信託業務を、兼営信託銀行として独自に参入して、
個人顧客の遺言信託など相続や資産承継への関与を目指すもの
です。別ブランドのデジタルバンク設立（上記⑶d③）も、新
たな個人顧客との接点を求めるねらいです。

また、事業承継やM&A関連の業務（上記⑶b①）も、それ
が、中小企業を念頭に後継者不在のオーナー企業が対象企業の
中心となると、具体的な業務は、オーナー個人の相続税や贈与
税対策が発端になります。また、M&Aが起こる原因が「後継
者不在」となると、対象企業そのものの事情ではなく株主であ

るオーナー個人の事情ですから、法人取引とはいえ個人取引向け業務という側面も生じます。

b　企業取引向けの内容が乏しい

そこで、「事業性融資への取組み」（上記(3) a ①）と「地域活性化事業会社・事業承継会社・事業再生会社・ベンチャー会社への出資のための投資専門会社設立」（上記(3) d ④）が企業取引向けの施策として残ります。このうち、「事業性融資への取組み」の多くは、M&A・MBO・プロジェクトファイナンスなどでのシンジケートローンの取組みがその内容となるので、各地域金融機関が営業基盤とする地域に存する従来からの法人取引先を対象とするわけではない場合も多いでしょう。また、「地域活性化事業会社・事業承継会社・事業再生会社・ベンチャー会社への出資のための投資専門会社設立」（上記(3) d ④）は、ベンチャー会社への出資が創業期の規模の小さな企業への出資となるほか、事業承継会社や事業再生会社への出資も、先に述べた「地域の外から稼ぐ」「地域内経済循環を実現する」企業が出資の対象になることは必ずしも多くはなく、「小企業」を対象とすることが主になりそうです。

c　中堅企業

このように、企業向けの施策が乏しい、特にコア企業などある程度の規模をもった中堅企業への取組みが乏しい理由は、1990年代以降に企業が貯蓄主体へと変化して借入返済が進み、新たな借入需要が生じない状態が数十年にわたって継続していることがあります。企業の投資主体から貯蓄主体への転化は、大企業だけでなく中小企業でも生じており、比較的規模の大き

な「中堅企業」でも無借金の企業は多くなって、取引関係が疎遠になり、金融機関では施策がなかなか思い浮かばないという事情があります。

そして、施策の一つとされる事業承継会社や事業再生会社への出資、また、M&Aや事業承継関連業務は、比較的小さな規模の中小企業を対象として想定するのであれば、いずれも、規模が小さい割に手間暇がかかるため、金融機関の経営に寄与するほどの収益規模となるか疑問も生じます。法人向けのフィービジネスへ注力することは妥当ですが、対象とする企業や内容を吟味することは必要で、フィービジネスが預貸業務に比べノウハウの蓄積に時間を要することを勘案すると、収益貢献へ期待できるかどうかには考慮が必要です。

結局、施策の中心は、個人向けとなり、法人との取引は実効があがらないと考える金融機関もあることでしょう。

実効ある法人取引は、働きがいのある職場運営、従業員満足度の向上へもつながるものですが、法人取引の不振を背景に、人材育成の強化や職場運営の改善の必要性を意識する地域金融機関も増えているようです。

法人取引、特に中堅企業をどのように考えるのか、経営判断のしどころです。「地方創生への貢献という役割を果たし、利益を確保して安定した経営を維持すること」を地域金融機関の使命とし、また、地方創生の主役は中堅規模のコア企業であると認識すると、「コア企業など中堅企業と実のある取引関係を構築して、取引のなかで安定的に利益を確保できる体制を構築する」ことは地域金融機関の課題の一つといえます。

相応の企業規模をもつ中堅企業は、いったんなんらかの案件が生じれば相応の金額規模の案件となるわけで、そこに関与できれば、「規模が小さい割に手間暇がかかることになって、金融機関への収益に寄与するまでには至らない」ことはなく、案件の内容としても、「ノウハウの蓄積と収益貢献のバランスがとれない」ということもなさそうです。とはいえ、多くの中堅企業に借入需要はなく、従来型の取引ではなかなか取引のネタがつかみにくくなっていることも間違いありません。地域に所在する中堅企業との実のある取引関係の構築が大きな課題です。

　ここでもやはり、「大企業と中小企業」という2分類ではなく、「大企業、中堅企業、小企業」という3分類でとらえて、「中堅企業」に焦点を当てた地域金融機関らしい本格的な取組みが課題です。

> 中堅企業との「実のある取引関係を構築し、利益を確保する体制を構築する」ことは、地域経済を担う地域金融機関の課題の一つ

　中堅企業特に「地域の外から稼ぐ」「地域内経済循環」を行うコア企業について地方創生および地域金融機関の企業取引の観点で述べました。そこで、「どのような企業を中堅企業（コア企業）ととらえるか」「大企業とも小企業とも異なる中堅企業（コア企業）の特徴は何か」について次章以下で述べていきます。

第 **2** 章

コア企業とは何か
―― 「大企業・中堅企業・小企業」の
比較

1 企業の分類——「大企業・中小企業」「大企業・中堅企業・小企業」

　「中小企業」という企業分類がなされます。中小企業基本法では、資本金の金額と従業員の数を基準に、図表2－1に記載の数値に従って「中小企業者」および「小規模企業者」を定義します。

　しかしながら、「中小企業」が語られる際にこの分類が意識されることは少なく、論者によって、また論じられる場によって、論じる対象である「中小企業」の範囲はまちまちであるように思います。「大企業」「中小企業」といった企業分類が使わ

図表2－1　中小企業基本法の定める中小企業者・小規模企業者の範囲

業種	中小企業者		小規模企業者
	資本金の額または出資の総額	常時使用する従業員の数	常時使用する従業員の数
①製造業、建設業、運輸業その他の業種（②～④を除く）	3億円以下	300人以下	20人以下
②卸売業	1億円以下	100人以下	5人以下
③サービス業	5,000万円以下	100人以下	5人以下
④小売業	5,000万円以下	50人以下	5人以下

（出所）　中小企業基本法第2条

れる際に、どの程度の規模の企業を念頭に置いているのか、はっきりしないことが多いようです。

　ここでは、前章で述べたように「大企業」「中小企業」という分類でなく、企業を「大企業」「中堅企業」「小企業（および零細企業）」と分類して認識します。製造業を念頭に置くと、年商（売上高）と資産規模（総資産）を大まかな基準に、以下のように「大企業」「中堅企業」「小企業」「零細企業」と分類できるものと考えており、この分類で話を進めます。

①　大企業：年商や資産規模が数千億円以上の企業

②　中堅企業：年商や資産規模が数十億円から数百億円の企業

③　小企業：年商や資産規模が数千万円から数億円の企業

④　零細企業：年商や資産規模が数千万円以下の企業

　製造業では、年商（売上高）と資産規模（総資産）とは同程度の規模となる企業が多く、「年商や資産規模」として分類しています（中小企業製造業の売上高総資産回転率1.02（中小企業庁「令和元年中小企業実態基本調査報告書（平成30年度決算実績）」））。

　年商や資産規模が数千万円から数億円の企業を「小企業」としましたが、「中小企業」というと、この程度の規模の企業をイメージされる方も多いのではないでしょうか。一方で、年商数百億円の場合でも企業経営者のなかには「うちは中小企業だから」といって謙遜される方も多いものです。

　「中堅企業」を主題に話を進めますので、いずれにせよ、「中堅企業」を「大企業」や「小企業」から区分して理解していただきたく思います。

　「中堅企業」とは製造業において年商や資産規模が数十億円

から数百億円の企業としますから、多くの方がイメージする
「中小企業」よりはやや大きな存在にまで成長した企業ではあ
るものの、だれもが知っている大企業ほどの規模ではない企業
ということになります。

　また、製造業を念頭に置くとしました。年商50億円の製造業
の企業は「中堅企業」でしょうが、年商50億円の卸売業や小売
業の企業は、なお「小企業」にとどまり、製造業に比べ年商や
資産規模がより大きな場合に「中堅企業」と分類できると考え
ています。

　資本金と従業員の数を基準に分類する中小企業法の定める範
囲（図表2－1）に従うと、資本金1億円・従業員100人の企業
が、製造業であれば「中小企業」に該当するのに対し、小売業
であれば「中小企業」には該当しないという分類になり、製造
業のほうが比較的大きな企業でも「中小企業」と分類されるよ
うにみえます。製造業のほうが設備を整えるために創業時に比
較的多額の資金を必要とするという背景でしょうか。資本金の
金額と従業員の数を基準とする中小企業基本法の分類と、年
商・資産規模を基準とするここでの分類では異なる観点のよう
です。

　・大企業とも小企業とも異なる「中堅企業」を認識する
　・製造業を念頭に、年商や総資産で数十億円から数百億円
　　の企業を「中堅企業」とイメージする

2　中堅企業の例

　中堅企業を分類する数値基準をお示ししましたが、読者の方にどのような企業を中堅企業とイメージしていただきたいかをお示しするため、以下に４社をあげます。いずれも製造業です。

　いずれも実際の企業の姿そのままではなく、筆者のこれまでの経験のなかで出会った企業を元ネタに、相当にデフォルメした内容でお示しするものです。

【A社】

・事業内容：健康食品製造

・上場非上場：非上場

・営業所：全国

・工場：本社所在地

・従業員数：100人

・創業：昭和戦前

・業況：年商25億円程度、税引き後利益５億円程度

・財務内容：総資産50億円程度、純資産40億円程度、有利子負債なし

・株主構成：株主は当社創業家の相続人など個人のみで約50人、支配株主なし

・経営者：当社に入社の従業員出身

【B社】

・事業内容：電子部品製造、海外販売多い、ある製品では競合

は海外 2 社のみ

・上場非上場：非上場

・営業所：国内数カ所、海外数カ所

・工場：本社所在地、海外 1 カ所

・従業員数：400人

・設立：昭和戦後

・業況：年商120億円程度、税引き後利益10億円程度

・財務状況：総資産100億円程度、純資産50億円程度

・株主構成：創業家（相続等で 5 名の合計）60％程度、従業員
　持ち株会20％程度、中小企業投資育成10％程度ほか

・経営者：当社に入社の従業員出身

【C社】

・事業内容：化学製品製造

・上場非上場：上場

・営業所：全国

・工場：本社所在地、関東

・従業員：400人

・設立：昭和戦前

・業況：年商100億円程度、税引き後利益 2 億円程度

・財務状況：総資産100億円程度、純資産50億円程度

・株主構成：取引金融機関・取引先数社が上位株式保有。
　　　　　　創業家の上位株式保有はない

・経営者：当社に入社の従業員出身

【D社】

・業務内容：半導体製造装置製造、海外販売多い

・上場非上場：上場

・営業所：全国数カ所、海外数カ所

・工場：本社所在地、海外数カ所

・従業員：600人（本社単体）

・設立：昭和戦後

・業況：年商500億円程度、税引き後利益100億円程度

・財務状況：総資産1,100億円程度、純資産900億円程度

・株主構成：創業者関連が上位株主、その他機関投資家など

・経営者：当社に入社の従業員出身

　A社とB社は非上場企業、C社とD社は上場企業です。

　A社は、創業時は医薬品製造でしたが現在では健康食品製造に展開して高い利益率をあげています。戦前からの長い業歴の結果、株主は何代かの相続が進み、非上場ながら株主は分散して多数の個人により構成され支配株主は存在しない状態に至っています。創業家の経営関与はすでになく、健康食品という業種でもあり、大学農学部や薬学部卒業生の就職先となって、経営者は長らくサラリーマン（従業員出身）となっています。

　B社は、特徴ある電子部品を製造し、ある製品では競合は世界で数社に限られ、海外販売の比率も高く国の内外で活躍しています。非上場のまま創業家を中心にした株主構成ですが、経営者はサラリーマンになっています。

　C社は、成熟した製品を主力に、堅調に業況が推移する上場企業です。支配株主もなく、サラリーマン経営になっています。

　D社は、売上高も大きく、創業以来の特色ある技術や経営を

反映して国の内外で活躍し、継続的に高い利益水準をあげています。創業家系の株主が上位におりベンチャー企業の性格も有していますので、企業の自己認識が「中小企業」である可能性はあるものの、十分に大企業といいうる存在です。経営者はサラリーマンになっています。

　A社、B社、D社は高い利益率を計上する優良企業の例としてつくり、C社は堅調な業況の企業の例としてつくりました。いずれも設立以来数十年の業歴を有する業界の有力企業です。また、A社、B社、D社は、総資産が年商と比較して高い水準としています。これは、利益の蓄積である現預金が多いと想定してのものです。

　D社であれば高い利益水準で高い株式時価総額でしょうから、年商500億円という水準と相まって、中堅企業と呼ぶには大きすぎる企業かもしれません。年商数十億円から数百億円を中堅企業と分類すると申しましたが、利益水準が高い場合は年商200億円から300億円程度までが中堅企業というイメージかもしれません。

3 　分類それぞれの特徴

　「大企業」「中堅企業」「小企業」「零細企業」それぞれの特徴をみていきます。

⑴　大企業の特徴

　製造業を念頭に置くと年商や資産規模で数千億円以上の企業を大企業と分類します。

a　知名度・業界地位

　これらは日本人ならおおむねだれでも名前は知っている企業であり、海外でも知られた企業といえます。自動車、化学、電機、機械といった大きなくくりの業界での有力企業であり、業界には世界に数社から10社程度が存在する、そのうちの1社という存在になります。

　選択と集中の時代とはいえ、複数の事業部門を有し、それぞれの事業部門が年商数百億円から数千億円の規模であり、現在では海外に販売・生産・研究の拠点を有し、場合によっては海外に本社機能の一部を有するといった企業です。各事業部門が年商数百億円から数千億円の規模なので、事業部門単位で中堅企業ないし大企業という事業規模になります。

b　株主の態様

　大企業のほとんどは上場企業です。中堅企業に分類される企業のなかにも上場企業はありますが、大企業は証券取引の中心となる存在で株式の出来高も多く、機関投資家の投資対象になります。そして近時は外国人株主比率も高く発行済株式の数十％を外国人が保有する例も珍しくありません。株式の持合い関係もほぼ解消して、邦銀をはじめとした取引金融機関が主要株主として登場することもまれになりました。

　上場時にはなお中堅企業と分類できる企業で、創業者あるい

は創業家系の資産保有会社等が主要な株主である企業は数多いものの、企業が成長し上場に至る過程での第三者割当増資や、上場時の公募増資などにより、創業家の持株比率は低下していきます。また、相続によって株式は相続人間に分散します。この対策として、相続税対策に加え、創業家が一定の持株比率を維持する目的で、資産保有会社や株式を保有する財団法人の設立がなされることがありますが、それでも、大企業の規模では創業家や創業家系の資産保有会社などで発行済株式の過半を継続保有することはむずかしいところです。

　主要な株主が存在しないなかで外国人投資家をはじめとする国の内外の機関投資家が株式の多数を保有する企業も多いといえるでしょう。

c　経営者の態様

　上場後の年月の経過とともに、創業家が主要株主である株主の形態から株式分散の形態へ移行することと平仄をあわせ、世代を経てオーナー経営者は徐々に減りサラリーマン経営者が増加していきます。

　近時は、コーポレートガバナンス改革の結果、上場企業では社外取締役が複数求められるので、大企業の多くで取締役会は従業員出身の取締役と社外取締役で構成されて業務執行に関する意思決定や取締役の職務執行の監督などにあたり、その他に従業員出身が主である執行役や執行役員が存在する組織になる例が多いようです。

d　雇　　用

　製造業では従業員1人当りの売上規模が20百万円から30百万

円といったところでしょうから、従業員の数は数千人から数万人となります。その結果、国内の工場所在地はいわゆる「企業城下町」となって地域経済や地方自治体にも影響を有します。九州では、久留米・八代・延岡といった古くからの工業都市はその例です。

e　資金需要

運転資金として年商の数カ月分の資金需要が生じるほか、毎年の投資額は、仮に減価償却の範囲内としても、数千億円の年商の企業において数百億円という規模になります。減価償却金額を上回る額の投資を行う時期もあり資金調達の必要が生じます。年商数千億円の企業において資金調達額は数百億円から数千億円になります。

多額の資金需要が生じた場合には、借入れや社債発行といった有利子負債と分類される形態での資金調達に加え、リスクマネーと分類される形態での資金調達の必要も生じます。年商数千億円の企業においてリスクマネー調達額は数百億円になります。

f　M&A（買い）

近時は、M&Aが重要な経営事項となっています。

「買い」のM&Aの場合、大企業が求める対象は、世界的に有力な存在である企業やその事業、あるいは、有力な特色ある技術をもった企業やその事業で、かつ、相応の規模をもった（年商数十億円以上か）企業や事業になるでしょう。有力な技術をもった企業でも年商数億円の規模（小企業に該当する）では、大企業には内容がよくわからない（大企業のなかに「よくわか

る」従業員がいるとしても、大企業では多くの部署や担当者の同意をとるという手続を要し、そのなかに「よくわからない」担当者が登場する結果、稟議承認を取得ができない、という場合を含む）ことになりがちです。相応の規模がないと、M&A対象としては大企業の「間尺にはあわない」という結果になりそうです。

この、「有力な特色ある技術をもった企業や事業」「相応の規模をもった企業や事業」という基準に合致するM&Aの対象は、「大企業全体」「大企業の事業部門」に加えて「中堅企業全体（中堅企業の一部となることもないわけではない）」となるでしょう。大企業のM&A（買い）の対象はおおむね「大企業」と「中堅企業」であり「小企業」は対象とならないと理解できます。

M&Aの譲渡価額は対象の企業や事業の年商程度となることも多いので、「大企業」か「中堅企業」が対象ですから、「買い」M&Aの規模は数十億円から数百億円と想定できます。そのため、「買い」M&Aに伴い数百億円の資金調達も生じえます。さらに近時は、自身より大きな世界的企業を買収する例もあり、その場合には数千億円の資金調達となります。

g　M&A（売り）

また、「売り」のM&Aもあります。事業の見直しが絶えず望まれるなかで、大企業が子会社や事業部門を売却対象とするほか、近時は当該大企業そのものを対象とした売却や統合が決断されることもあります。

大企業そのものを譲渡対象とする場合、上場企業の時価総額は業況などによりまちまちですが、時価総額と年商を同程度

図表2－2　大企業のM&A（売り）

譲渡対象	譲渡金額	買い手候補
大企業そのもの	数千億円～	大企業、プライベートエクイティファンド
大企業の事業部門・子会社（中堅企業と同様の事業規模）	数十億円～数百億円	大企業、中堅企業、プライベートエクイティファンド

（売上高税引き後利益率５％、PER20倍であれば時価総額と年商は同額）と想定すると、譲渡金額は数千億円になります。こうした数百億円から数千億円の大型のM&Aも近時大企業の特色です。数千億円の規模ですから、買い手候補は国の内外の同業あるいは密接関連業界に属する大企業であり、候補の数は世界でも数社しかありません。また、大型のプライベートエクイティファンドも候補です。

　大企業の事業部門や子会社を譲渡対象とする場合、対象の事業部門や子会社は中堅企業あるいは大企業と分類できる規模を有して世界的にも特色ある製品や技術をもった事業体です。数十億円から数百億円の譲渡価額と想定できます。そのため、買い手候補は、国の内外の大企業および中堅企業、そして、プライベートエクイティファンドとなるでしょう（図表２－２）。

(2)　中堅企業の特徴

　製造業を念頭に置き、年商や資産規模で数十億から数百億円の企業を中堅企業と分類します。

　中堅企業は、取り扱う製品の市場規模が大企業の取り扱う製

品より小さい、あるいは、大企業のように複数の事業部門を有しているわけではなく特定の製品や業種に特化しているといった企業特性であるので、年商数千億円の規模には達しないため、また、一般消費者を対象とする最終消費財ではない製品である例が多いために、社会一般に知られた存在には至らない場合が多いものです。たとえば、自動車関連であれば完成車の組み立てではなく各種部品の製造や安全検査に用いる装置の製造、化学であれば川上から川下までの総合化学ではなく工業製品の製造過程で用いる各種ガス、電機であればテレビ・白物家電といった最終消費財や半導体の組立製造ではなくセンサーを活用した工場自動化に関連するソリューションの提供といった業務内容で、最終製品を製造するのではないが単なる下請けにとどまるものでもなく、大企業製造業者を取引先とする企業が典型とイメージできます。

技術力や製品の特殊性などで、世界的にみても相当の実力がなければ、大企業との継続的な取引関係を築き年商数十億円から数百億円の規模となることはできないもので、また、いったん販売先との取引関係が築かれれば、業界の動向や技術革新の中心に位置することにもなって、容易に代替が利かない有力企業となりえます。

中堅企業は、一般には知られてはいないものの、業界内では国の内外で有力企業とされる企業が多いと認識できます。本書の主対象であり、その特徴は本章④以下で詳しく述べます。

⑶　小企業、零細企業の特徴

　製造業を念頭に置き、年商や資産規模で数千万円から数億円の企業を小企業、数千万円以下の企業を零細企業と分類します。

a　知名度・業界地位

　これら企業には、技術力を有して他社で代替の利かない企業もあるものの、業界内でも地域を超えて知られた存在にはなかなか至らない企業が多いといえるのではないでしょうか。たとえば、地方には技術力があり他社では代替の利かない企業もありますが、同業者でも東京都蒲田に所在する企業には知られていないというところではないでしょうか。

　また、各地の伝統産業の担い手で貴重な存在ではあるが全国的な認知には届かないといった企業もあり、それらの多くは小企業・零細企業の分類になるでしょう。

b　株主の態様、経営者の態様

　年商数億円の小企業の多くが会社組織を有するのに対し、年商数千万円以下の零細企業では、法人組織ながら事実上生業として営なまれる企業や法人格を有せず事業性個人として営まれる事業体もあるでしょう。

　いずれにせよ、小企業も零細企業も、株式はほぼすべてを創業家が保有して、経営者もオーナー経営者であることがほとんどです。創業者が健在の場合に創業者が株式を保有してオーナー経営者であることはもちろんですが、創業以来相続を経て何代目かに至った場合でも、相続問題は、相続税対策や公的な

事業承継支援策などによって、相続人が対応可能であり、事業上の後継者が親族に存在する限り、相続人の株式保有・オーナー経営が継続している例が多いものです。

c　雇　　用

　年商数千万円から数億円の製造業者となると、雇用者数は数人から数十人程度と想定できます。それぞれ大切な職場であることは間違いなく、小企業や零細企業の集合体である伝統産業という観点に立った中小製造業者全般の行方が課題となることも間違いありませんが、小企業や零細企業に分類される個々の企業の雇用が地域経済の観点で大きな問題になるほどの規模ではないといえるのではないでしょうか。

d　資金需要

　運転資金や定例の設備など投資資金の需要が生じることに加え、時に、多額の投資を行うため資金調達の必要が生じます。年商数億円の企業では、その額は数千万円から数億円といったところでしょう。全額借入れでの投資が可能であれば問題ないところですが、全額借入れでまかなうのではなく、ある程度返済を要しない資金を調達したい場合も生じます。数千万円から数億円の調達を要する場合の一部をこの返済を要しない資金、つまりリスクマネーを調達したいものとして、その金額は、数百万円から数千万円といったところでしょう。

e　M&A（売り・買い）

　近時、事業承継が全国的な課題となっており、後継者の不在に伴い、小企業や零細企業を譲渡対象とするM&Aのニーズは増加しています。小企業や零細企業を譲渡対象とするM&Aの

譲渡金額は事業規模などを勘案すると数百万円から数億円と想定できます。

この小企業や零細企業は、先に記したように「近隣を除き業界内でも知られない存在」で、会社らしい会社経営となっていない場合も多く「企業実態がなかなか判然としない」、また、「企業規模が小さい」ということですから、大企業や中堅企業の多くにとって「間尺にあう」とは言いがたく、買い手候補としては想定しにくいでしょう。対象企業の見所や経営状況などを直接にM&A取引の前から知っている先、面倒な手続なく案件が進んでいく先、つまり「社名を聞けば内容はだいたいわかる」という近隣所在の交際範囲内でないとM&Aはなかなか進捗しないように思います。買い手は小企業と中堅企業のうちの比較的規模の小さな企業といえるでしょう。投資の規模や投資出口の必要性を考えるとプライベートエクイティの投資対象にも不適当といえるでしょう。

年商数千万円から数億円の小企業の譲渡価額は数千万円から数億円と想定でき、小企業でも調達可能な金額です。

結局、小企業や零細企業を対象とするM&Aの買い手は小企業と中堅企業のうちの一部になると予想できるように思います。

図表2-3　小企業のM&A（売り）

譲渡対象	譲渡金額	買い手候補
小企業	数千万円～数億円	中堅企業（一部）、小企業（近隣所在が主）

また、小企業が中堅企業を買収することは体力的にも考えにくく、結局、小企業・零細企業のM&A（売り・買い）は同一地域内の小企業・零細企業の範囲内でなされると予想できるのではないでしょうか。

4　中堅企業の概要──知名度・業界地位・株主の態様・経営者の態様

(1)　会社の知名度・業界地位

製造業を念頭に置くと、中堅企業は、取り扱う製品の市場規模が大企業の取り扱う製品より小さい、あるいは、大企業のように複数の事業部門を有しているわけではなく特定の製品や業種に特化しているといった企業特性であるので、年商数千億円の規模には達しないため、また、一般消費者を対象とする最終消費財ではない製品である例が多いため、社会一般に知られた存在には至らない場合が多い、しかしながら、業界内では国の内外で有力企業であることが多いとしました。

　一つの業界に存在する大企業は世界で数社程度とすると、各大企業が各部品について複数購買を行うとしても、大企業へ特殊性ある製品を提供する中堅企業も世界でも必ずしも多くはなく、国内で数社、海外を含めても10社程度が存在するといった競合環境と予想できます。

　また、年商数十億円の規模に到達するには創業から数年ではむずかしく、特色ある技術を基礎に創業したベンチャー企業の

場合でも、中堅規模に達するには年月を要し、中堅企業は創業から数十年を経過した企業がほとんどでしょう。

中堅企業の多くは、業界外つまり社会一般では知られていないものの、業界内では知られた国の内外での有力企業、競合先は国内数社で海外を含めても10社程度であって、創業から数十年を経過した企業とイメージできます。

中堅企業は

(1) 一般には知られないが業界内では有力企業

(2) 創業から数十年を経過した企業

---

(2) 企業のライフサイクル

企業は生き物であり、企業にも寿命がありライフサイクルがあるとする説があります。創業期・成長期・成熟期・衰退期・再生期をもってライフサイクルとするものです。日本は老舗企業が多く、業種を問わず数百年を経ても「衰退期」とはいえない企業も多いですから、筆者はこの説に必ずしも全面的に賛同するわけではありませんが、あえて当てはめると、中堅企業は「成熟期の産業に属する成熟期の企業が多い」とはいえるでしょう。

ここでは、創業から数十年を経た、最終消費財を製造するわけではない、主に他の製造業者を取引先とする製造業で、多くの事業部門をもつわけではない、すでに数十億円から数百億円の売上高をあげる企業をイメージしていますから、新たな製品

の売上げ寄与があったとしても、ベンチャー企業のように年間に売上高が数十％増加する、というわけにはいきません。一方で、製品にはライフサイクルがあるものでしょうから、どんな業界であっても技術革新や消費者ニーズの展開に伴い、新たな製品と従来からの製品の入替えは常に起こり、その結果、決算数値からみると、「成熟期」とみえる企業が多いでしょう。

　従来からの産業分野においても新たな製品と従来からの製品の入替えがなされ、常に経営革新が行われて、その結果、長期にわたり「成熟期」を継続する企業が望まれます。経済社会が、成長産業を望み成長企業を望むことは当然ですが、雇用の多くが成熟期の産業の成熟企業で担われていることは間違いなく、成熟産業の成熟企業の競争力確保が地域や日本全体の競争力確保につながることも間違いありません。地域経済としては、創業以来数十年にわたり存続してきた成熟企業が引き続き堅調に成長することに期待するところです。

中堅企業は、「成熟期の産業に属する成熟企業」が多い
成熟企業の堅実な成長が期待される

⑶　株主の態様

　年商数十億円から数百億円の企業を中堅企業と想定するので、そこには、上場企業も非上場企業も存在します。年商数百億円の場合は上場企業が比較的多い、数十億円の場合は非上場企業が比較的多いといえるでしょうか。

そして、大企業とは異なり、上場後に巨額の公募増資を繰り返す例は少なく、また、相応の相続対策を行ったこともあって、上場企業であっても、時間の経過とともに創業家の持ち株比率が徐々に低下する傾向はあるものの、相続数代目であれば、創業家が、発行済株式総数の過半数を保有することはまずないにせよ、なお、20%から50%程度を保有する場合もあります。一方、大企業と同様に、支配株主が存在しない場合があることはもちろんです。また、非上場企業でも、創業から年月を経て何代かの相続などを原因に、株主が分散して株主数が数十人となり、もはや支配的な株主は存在しない場合もあります。

(4) 経営者の態様

中堅企業は業界での有力企業であり、内外の大企業を取引先としますから、継続的な競争力の確保が課題であり、経営者には相当の見識や経験が求められます。

経営者の資質や経営者をめぐる環境は以下と推察できます。

① 見識や経験が経営者として必須の条件であり、仮に創業家が多数の株式を保有する場合であっても、オーナー経営にこだわることができない場合がある

② 長い業歴を誇る業界内の有力企業であり新卒採用についても中途採用についても採用力を有する。社内に優秀な人材を擁し経営者の候補は確保できる

③ そうはいっても、創業家の子息子女は、早い時期から経営者としての教育や経験を経て経営者として育ち、経営を引き継ぐ場合はある

そのため、上記株主の態様をあわせてみていくと、上場中堅企業の場合に、オーナー経営者である場合もサラリーマン経営者である場合もあります。そして、非上場で創業家が株式の多数を保有する中堅企業において、オーナー経営者である場合のほかオーナー経営を脱してサラリーマン経営者となっている場合もあり、また、非上場で株式が分散する中堅企業において、サラリーマン経営者である場合のほか、さほど株式を保有しない創業家出身の経営者となっている場合もあるものです。

図表2－4　企業規模別の態様

	年商・資産規模	会社の知名度・業界地位
大企業	数千億円以上	業界外でも知られる有力企業
中堅企業	数百億円	業界内では知られる有力企業
	数十億円	
小企業	数千万円～数億円	業界内でも知られない
零細企業	～数千万円	業界内でも知られない

上場企業が多い年商数百億円の場合にはサラリーマン経営者が主であり、非上場企業が多い年商数十億円の場合にはサラリーマン経営者もオーナー経営者もいずれもあるといえるでしょうか。

　会社の知名度・業界地位、株主の態様、経営者の態様を表にまとめると図表2－4となります。

　この中堅企業の株主の態様と経営者の態様が次章に述べる「中堅企業に特有の資本面の課題」につながります。

株主の態様	経営者の態様
・上場企業で大口株主なしが太宗	・ほぼサラリーマン経営者
・上場企業が主だが非上場企業もある ・非上場でも株式は分散する企業が多い ・創業家が多数保有（上場でも非上場でも）の企業も一部あり	・サラリーマン経営者が主 ・オーナー経営者の企業も一部ある（上場、非上場とも）
・非上場企業が主だが上場企業もある ・上場企業でも創業家の多数保有がある ・非上場企業では創業家の多数保有が主だが株式分散の企業もある	・上場・非上場企業とも、オーナー経営者・サラリーマン経営者のいずれもある
・オーナー経営者が多数保有	・オーナー経営者が主
・オーナー経営者が多数保有	・オーナー経営者が主

5 コア企業の概要(1) ──企業展開・雇用・地域経済

(1) 企業展開

　製造業の中堅企業の多くは、大企業を取引先として、国内地域外や海外に所在する大企業の工場や消費地へ製品を販売します。そのため、中堅企業は本社所在地のほか、国内各地に営業所を設置する必要が生じます。また、創業当初に設けた本社所在地の工場のほかに、企業の成長に伴って第2工場を建設する場合には国内販売先や海外への輸送の便宜を意識した立地とすることになって、国内数カ所に工場を有する例が多くなります。営業面でも製造面でも全国に展開する企業といえます。

　また業界の有力企業として海外の有力企業をも取引先とする中堅企業も多く、早い時期から販売子会社を、さらに近時は、製造子会社を海外に有する例も多いものと想定できます。米・欧・アジアの数カ国に販売子会社を保有し、そのうち1、2カ国には製造子会社を保有するといったイメージを描くことができるでしょう。国内で全国に展開するだけでなく、海外にも展開する企業となります。

　こうした企業展開の結果、国の内外で、採用や労務管理といった人事、子会社管理や財務経理、各国の税務や規制対応での当局とのやりとりといった課題が生じます。

(2) 雇　　用

　製造業では従業員1人当りの売上高を20百万円から30百万円と想定できるので、売上高数十億円から数百億円の中堅企業では従業員数は数百人の規模となります。そこでは、小企業とは異なる各種の課題に取り組む技術職・事務職・研究職など多様な職種があり、業歴ある業界の有力企業であるので、相応の採用力も有して優秀な人材が確保され、相応の処遇がなされているものと想定できます。中堅企業は特に本社所在地の地域にとり職務内容と処遇の両面で、良質な職場を提供する企業となります。

　地域に本社機能が存続することにより、企業の管理部門に由来する各種の業務ニーズが発生するだけでなく、技術職・事務職・研究職など幅広い職種に属する従業員の教育や文化の面のニーズも生じて、多様な波及が地域にもたらされます。

　現状、残念ながら多くの地域において、地域の大学生、特に文科系を卒業する大学生にとって、地方自治体や地域金融機関のほかに魅力的な職場をなかなか見出せない現実があります。卒業時に学生が大都市へ転出する原因の一つには、充実した本社機能をもつ職場が見出せないことがあげられます。大企業の工場は地域に多くの雇用を提供する重要な存在ですが、雇用の中心は工場従業員です。「独立」した中堅企業は、これと異なり、多様な雇用を地域にもたらし、地域にとって大きな意味があります。

⑶　地域経済

　数十億円から数百億円の売上規模の中堅企業では利益水準は数億円から数十億円と想定できます。そして、一定数の取引先（下請先）を有し、その多くは本社や工場所在地の近傍に所在する創業以来の取引関係をもつ企業と想定できます。そのため、雇用者数だけでなく、従業員の所得税や消費税を含む納税の面でも、また取引連鎖の面でも、地域経済にとって有力な存在といえます。

　企業城下町と理解される大企業の工場や小企業・零細企業で構成される伝統産業が地域の顔とイメージされますが、実際は、本社を有する中堅企業が雇用や納税の面でも産業の高度化といった面でも地域経済にとり重要な存在です。

　大企業の企業城下町は工場所在地として発展したものですから、工場勤務者を主に、研究所が併設されている場合にはそれに研究所勤務者を加えた人々で構成される地域社会であるのに対し、中堅企業の本社所在地は、より多様な職種の人々で構成される地域社会になります。

　そして、中堅企業の多くは「成熟産業に属する成熟企業」ですから、地域経済は成長産業ではなく成熟産業が中心となって支えられているといえます。

　中堅企業は多様な職種を提供する地域経済・地域の雇用の中心的な存在

⑷　コア企業・地域内完結企業

　ここまで中堅企業として製造業者を念頭に置いてきました。製造業に属する中堅企業の多くは、内外の大企業を取引先として、全国各地あるいは海外に製品を販売し、地域に所在する企業を取引先として取引連鎖の起点となり、雇用や納税でも貢献する存在ですから、「総合戦略」で述べる「地域の外から稼ぐ」「地域内経済循環」を行う企業であり、地方創生の主体といえます。こうした企業は地方創生のための「コア企業」と位置づけられるとしました（第1章①(3)）。

　また、中堅企業には、小売・飲食・地域交通といった業種に属する企業もあり、各地に所在しています。これらは、販売先を地域の企業や個人を主とし、一方、仕入先は地域内の企業のほか国内地域外や海外とします。小売や飲食では国内地域外や海外から仕入れた商品を営業地域内の家計に販売する、地域交通では燃料や車両を国内地域外から調達します。このように「地域の外から稼ぐ」企業ではなく、「地域内完結企業」あるいは「地域から稼いで地域外へ支払う企業」と位置づけられます。

　中堅企業は、その属する業種や取り扱う製品によって、「地域の外から稼ぐ」「地域内経済循環」の主体となる「コア企業」と、小売・飲食・地域交通など「地域内完結企業」に分類できます。製造業は、中堅企業規模（年商数十億円から数百億円）に至れば、上記のように内外の大企業を顧客とした企業展開と予想でき、その多くを「コア企業」と位置づけられるでし

ょう。製造業を中心に一定の業種に属する「中堅企業」は「コア企業」です。

本章②「中堅企業の例」では、4社とも製造業として例をつくりましたが、4社はいずれも、「コア企業」と位置づけられるものです。

一般的な企業の分類

　・大企業

　・中小企業

ここでの企業の分類

　・大企業

　・中堅企業

　　①　コア企業

　　　「地域の外から稼ぐ」「地域内経済循環」を行う企業

　　②　地域内完結企業

　・小企業（零細企業）

| 6 | **コア企業の概要(2)**
——**財務・資金需要・M&A・経営課題** |

以下でも「中堅企業」のうち多くが「コア企業」と位置づけられる製造業企業を念頭に置きます。以下、文中では引き続き

「中堅企業」と記述しますが、主に、「コア企業に該当する中堅企業」を念頭に置いています。

(1) 財　　務

まず、製造業中堅企業の財務状況をイメージしてみます。

a　総資産・利益

ここでも売上高（年商）と総資産（資産規模）は同程度と理解します。

イメージする企業は相応の利益を確保して売上高税引き後利益率を３％から５％と想定してみます。年商100億円の企業では税引き後利益が３億円から５億円となります。「２中小企業の例」で作例したＡ社からＤ社の４社のうち、Ｃ社の利益水準をやや上回る水準です（中小企業庁「令和元年中小企業実態基本調査報告書（平成30年度決算実績）」に記載される従業員51人以上の製造業の「売上高経常利益率（産業大分類別・従業員規模別）」は、2016年度4.72％、2017年度5.26％、2018年度4.80％。売上高税引き後利益率はこの数値に税負担を控除したものが近似値と予想します）。

b　配　　当

配当性向30％とすれば、年間１億円から1.5億円の配当が可能となります。

c　貸借対照表

年商・総資産・利益・配当を以上の水準とし、創業以来数十年を経過した相応の利益の蓄積がある企業とすると、貸借対照表は以下と想定できるでしょう。

① 年商100億円であり総資産も100億円。総資産には製造設備など固定資産に加え売掛債権など流動資産も含まれます。

② 払い込まれた資本金と利益の蓄積の合計である純資産は20億円から50億円（納税や配当後の利益剰余金を年間数億円確保して数十年が経過したところです。その結果、純資産比率は30%から50%になります）。

③ 創業時の創業者個人の資力を勘案すると、個人での資本金（および資本準備金）としての払込可能額は数千万円が上限と思われます。そこで、現在資本金がなお数千万円であれば創業者株主によって払い込まれたものであり、数億円であれば創業者のほか外部に株主を求めた経緯にあると理解できるでしょうか。純資産が20億円から50億円であれば、払い込まれた額の数千万円から数億円との差額が利益の蓄積である利益剰余金です。

④ 買掛債務など事業用の負債は月商の3カ月分程度あり、その他の負債を加えて30億円程度。

⑤ そして、総資産から負債と純資産を差し引いた借入れは20億円から50億円程度かと想定できます。

貸借対照表のイメージは図表2－5となります。

税引き後利益率が3％から5％程度の企業を想定しましたが、さらに高い利益率を継続する企業もあります。本章②のA社やD社はその例です。高収益企業では利益の蓄積がより大きく純資産比率が高くなって、借入れは少額あるいは無借金の企業になります。

図表2-5　コア企業のイメージ

イメージする中堅企業	
年商（売上高）	100億円
税引き後利益	3億円～5億円
配当（配当性向30％）	1億円～1.5億円
資産規模（総資産）	100億円
純資産	20億円～50億円
借入れ（有利子負債）	20億円～50億円

資産 100億円	負債30億円
	借入れ 20億円
	純資産 50億円

～

資産 100億円	負債30億円
	借入れ 50億円
	純資産 20億円

(2)　資金需要

a　定例の資金需要

　売掛債権と買掛債務との期間の差異のため、年商の2カ月から3カ月分の運転資金を要する企業が多いものです。年商100億円の企業では20億円から30億円の運転資金需要です。

　また、数十年の業歴をもつ成熟産業に属する企業として、相応の期間、減価償却と設備投資がほぼ同額に推移していると想定します。年商100億円の企業では総資産も同額の100億円です

から、そのうち固定資産が約40％で、固定資産額をやや下回る減価償却対象資産があり、6年から7年程度で償却するとすれば、年間の減価償却額は約5億円となります。そして、減価償却とほぼ同額の約5億円の投資をおおむね毎年行っています。そして、かつてなされた減価償却を上回る投資時の借入れを収益で返済している状態を想定することになります。

上記(1)で借入れを20億円から50億円と想定しました。この運転資金事情と設備投資事情に基づく資金事情を考えると、借入れ20億円の場合は、かつての投資資金借入れを完済した企業、借入れ50億円はかつての投資資金借入れがなお残る企業とイメージできるでしょうか。

b　大規模な投資による資金需要

通常の運転資金や例年並みの設備資金の需要で推移する決算期だけではなく、大規模な投資や大型のM&A（買い）投資がなされる決算期もあります。

事業を拡大させて小企業を脱し中堅企業や大企業へ成長するためには、いずれかの時期に、大きな投資を行う必要が生じるものです。

大規模な設備投資やM&A（買い）投資の規模を想定してみると、その規模は、大規模とはいえ、年商同額という規模はさすがにまれであり、多くは年商の数十％（年商100億円の企業であれば20億円から30億円）程度がせいぜいであろうと予想できます。すると、調達を要する資金の規模も年商100億円の企業においてその数十％の20億円から30億円といった規模となります。とはいえ、年間の税引き後利益が3億円から5億円で配当

後に手元に留保できる金額は年間2億円から3億円といった企業では、新たな数十億円の調達は大仕事です。

c　資金調達の内容

　年商の数十％に当たる金額の大規模な投資やM&A（買い）のための資金調達を要する場合、

ア　「②中堅企業の例」のD社のような高い収益力の企業（税引き後利益率が10％を超える水準を長く維持してきた企業）であれば、利益の蓄積の反映である現預金を多額に保有して現預金の取崩しで容易にまかなうことができる、または、ある程度の借入れでまかなうこともできるでしょう。

イ　しかしながら、健全経営とはいえ標準的な収益力の企業（「⑥(1)財務」で想定した年商の3％から5％の税引き後利益率の企業）では、年商の数十％程度に当たる金額の追加的な借入れは、過大な借入れと判断される可能性もあります。

　そのうえで、なお投資やM&A（買い）を進めるとすれば、資金調達の一部をリスクマネーでまかないたい事情になります。リスクマネーとは調達する企業にとっては（少なくとも当面は）返済を要しない資金であり、企業の債権者にとっては返済順位や返済スケジュールの面で自らの債権に劣後する資金です。増資（普通株式の募集発行）による調達資金がその典型例です。

　リスクマネーの調達として増資を実施することを考えると、調達額のうちの増資と借入れの比率は、既往の収益力や投資対象の収益見通しによるものの、借入れ：増資の比率で7：3から6：4となる場合が多いでしょう。年商

100億円の企業が行う20億円から30億円の投資（資金調達）で投資額と同額の資金調達を行う場合には、「借入れでの調達が15億円から20億円、増資での調達が5億円から10億円」といった水準と予想できます。

結局、中堅企業においては、「年商の数十％程度の金額である大きな投資の際にリスクマネー調達の需要はある。金額は数億円から数十億円の金額」と見込むことができるでしょう。

これは「成長に向けた投資のためのリスクマネー」と呼べるもので、リスクマネーの調達ができれば投資が可能となり企業の発展が見込みうる、調達できなければ企業の発展を断念するということなので、リスクマネー調達には大きな意味があります。

中堅企業には大企業同様に成長に向けた投資のためのリスクマネー調達の需要がある
ただし、数億円から数十億円程度

---

(3) M&A

a M&A（買い）

中堅企業として、技術力や製品の特殊性を基礎に、国内で数社で世界でも10社程度しか競合は存在しない、一般には知られていないものの業界では世界的にも有力な、年商数十億円から数百億円の企業をイメージするとしました。

多くの中堅企業は、継続的に競争力を維持し業界を先導する

ために、自力で固有の技術開発や営業拡大に努めるほかに、企業買収（買いのM&A）の活用も考えることは大企業と同じです。「買い」の対象は、当該中堅企業の業務進展のためになんらかの見所ある企業や事業であって、資金調達可能な金額範囲となりますから、自らの年商や資産規模の数十％の金額に相当する譲渡価額である数十億円から数百億円が上限となります。

　すると、「業務進展のために見所ある企業や事業」かつ「資金調達可能な金額範囲」という基準を充足する対象となると、それは、年商数億円程度の小企業や年商数十億円から数百億円の事業規模の中堅企業と中堅企業や大企業の事業部門となります。

　そして、海外展開も行う企業であり競合関係は世界でも10社程度ですから、視線は海外にも及び、国内の同業や密接関連業種にある企業や事業のほか、海外の同業や密接関連業種の企業や事業もM&A（買い）の対象候補となるでしょう。

b　M&A（売り）

　また一方で、事業承継上の必要や業況不振・事業の集中と選択などなんらかの理由によって、当該中堅企業が売り手となることもありえます。先に本章④(3)、(4)でみた中堅企業の株主の態様や経営者の態様を背景とする事業承継上の必要性は大企業ではなかなか生じないものの中堅企業では生じうる特徴の一つです。そのため、当該中堅企業の一部事業が「売り」の対象となるだけでなく、当該中堅企業が全体で「売り」の対象となることも想定できます。

　中堅企業そのものが「売り」の対象となる場合には、譲渡の

対象は年商数十億円から数百億円という規模であるので、譲渡金額は数十億円から数百億円になると予想できます。大企業にとっても年商数十億円の事業をゼロから立ち上げることは容易ではなく、中堅企業は魅力あるM&Aの対象となって、大企業も買い手候補になると考えられます。また、中堅企業のなかにもこの程度の金額は調達可能な企業はあり、買い手候補には中堅企業も含まれます。そして、対象の中堅企業は海外でも知られる競合先は世界でも10社程度という存在ですので、買い手候補には国内企業だけでなく外国企業も含まれることになります。そして、プライベートエクイティファンドからみても中堅企業は「出口」を見込みうる投資対象となって、プライベートエクイティファンドも買い手候補となります。

結局、買い手候補は、事業会社では、同業あるいは密接関連業界に属する海外を含む大企業または中堅企業で、10社程度の売り手企業がおおむね想定できる顔ぶれになり、加えて、プライベートエクイティファンドがいくつか登場すると予想できます。

c M&Aの進め方

M&Aで譲渡金額が数十億円から数百億円となる、譲渡の対象は国内数社・世界10社程度の競争環境にある事業、また、海外子会社が含まれることもある事業であって、M&Aの買い手候補には大企業や外国企業も見込まれ、プライベートエクイティファンドも加わるということになると、デューディリジェンス手続の必要性や財務・契約法務・独禁法を考慮する必要なども生じて、小企業における「社名を聞けば内容はだいたいわか

る」「『売りたい』『買いたい』の情報マッチングがM&Aの主業務」という近隣所在の交際範囲内でのM&Aとは異なり、半年・1年といった相応の取組み期間を要し、その間秘密保持にも注意を要することになる「M&AらしいM&A」となります。

　小企業のM&A、大企業のM&Aをあわせて譲渡対象・譲渡金額・買い手候補を表にすると図表2－6となります。

中堅企業のM&A

1．中堅企業が「買い」の場合は、M&A の対象候補は、
　　大企業の事業部門・中堅企業・小企業

2．中堅企業が「売り」の場合は、M&A の相手候補は、
　　大企業・中堅企業

図表2－6　企業規模別のM&A（売り）

譲渡対象	譲渡金額	買い手候補
大企業そのもの	数千億円～	大企業、プライベートエクイティファンド
大企業の事業部門・子会社 （中堅企業と同様の事業規模）	数十億円～ 数百億円	大企業、中堅企業、プライベートエクイティファンド
中堅企業	数十億円～ 数百億円	大企業、中堅企業、プライベートエクイティファンド
小企業	数千万円～ 数億円	中堅企業（一部）、小企業（近隣所在が主）

⑷　経営課題

　コア企業に該当する中堅企業を「取り扱う商品の業界規模が小さいので中堅規模にはとどまるものの、全国に展開し海外の展開もありうる業界の有力企業である」としました。

　それは、経営課題の多くは質的には大企業の経営課題と同種のものになる、ただし金額的・量的には大企業の規模ではないと理解できます。財務・M&Aなどここまで述べた事項は経営課題の一部ですが、その他、中堅企業において以下のような課題や懸念事項が常に生じると予想できます。

a　経営一般

① 　自らの現状を把握し、経済社会や業界の将来を判断して事業の方向性を見定め、経営資源の開拓や技術開発に継続的に取り組むこと

② 　毎年の業況推移と長期的な経営資源の獲得の双方に留意すること

③ 　取引先も従業員も多く、地域や行政との交渉も常にあり、多くのステークホルダー（利害関係者）を意識した経営と認識すること

b　管理面

　財務会計、人事労務など管理業務において、海外子会社との移転価格税制などの国際税務や各国の規制への対応、国の内外での労働問題や不祥事・訴訟といった事項が毎年発生してその対応が生じるほか、コーポレートガバナンス・SDGsなどの今日的な課題への対応も要します。

c 技術開発・イノベーション

海外企業との競合もあるという競争環境で大企業を取引先とした製品やサービスの開発が課題となるので、製品面でも製造面でも先端の取組みが必要になります。

大企業では脱炭素など今日的課題がテーマとなり社会的なコミットメントがなされており、そうなると、取引先である中堅企業にも同様の対応が求められます。結局、大企業と同質の技術開発・イノベーションが課題になります。

d 外部専門家の利用

大企業では、経営課題に対処するため数多くの外部専門家が活用されます。資金調達や運用に関連して銀行や証券会社などと関係をもつほかに、株主総会対策・経営判断・コーポレートガバナンス・M&Aなどでの弁護士、決算・子会社管理・M&Aなどでの公認会計士、国の内外での税務・組織再編などでの税理士、経営戦略・人事・ITなどでの各種コンサルタントといった専門家との関係が生じます。また、技術開発やイノベーションの面でも、大学・政府系研究機関に加え、他企業や海外企業の技術開発部門との共同での研究開発も頻繁です。いずれも専門性が高く、同種の案件を数多く手がける専門家と関係をもちたいものです。

大企業は規模が大きく企業の展開も広範なので、毎年常になんらかの課題案件が生じ、外部専門家とのやりとりも常に幅広く生じるでしょう。中堅企業も課題の性格は大企業と同様であり良質の専門的なサービスを得たいところですから、本来、幅広く外部専門家と関係をもちたいところです。しかしながら、

企業規模が大企業と比べて小さいので、常に課題案件が生じる
わけではなく、また課題案件の金額規模が比較的小さいので、
常に外部専門家との関係をもつには至らず、専門家の活用方法
に慣れないことがあるでしょう。また、外部専門家の多くは東
京や大阪といった大都市に所在するので、中堅企業の本社所在
地が地理的なハンディキャップとなる場合もありえます。

- ・中堅企業の課題は大企業と同種、ただし規模が小さい
- ・中堅企業の外部専門家活用のニーズも大企業と同種、た
  だし、活用の頻度は比較的低く、規模が小さい

(5) 本社の大都市への移転

大企業での本社の東京への移転と経済や文化の東京一極集中
が問題となっています。地域外への販売を主とする中堅企業で
も同様に本社の移転は生じており、営業先である大企業本社所
在地の大都市圏へ、当初は営業部門が、後には本社機能の一部
が、さらには本社機能のすべてが移転して、発祥の地は登記上
の本社であるほかは設立以来の工場が残るのみとなって、社内
での認識度合いが下がっていくという展開が生じます。

その結果、設立時には企業発祥の地の出身者が大多数であっ
た従業員構成は、徐々に移転先の大都市圏出身者が増え、企業
の「地方色」が薄れることになります。そうすると、地方の話
題、地方の要請に由来する事項が社内で共感を得ることがむず
かしくなり、さらに発祥の地との関係が薄れていきます。

第 3 章

コア企業に該当する
中堅企業に特有の事情

前章で、規模別の企業の概要、特に中堅企業の概要をみました。そして、コア企業に該当する中堅企業は、国内地域外に、また、海外に展開して大企業と取引関係を有する結果、大企業と同質の経営課題を有する存在であることをみました。

　一方で、中堅企業は、大企業ほどの企業規模ではないことなどのために、また、小企業よりは企業規模が大きいことなどのために、中堅企業に特有の事情も有します。本章では、こうした特有の事情をみていきます。

1　中堅企業の姿

(1)　企業の理念
――企業の内部からみた中堅企業、その企業目的

a　企業の理念の例

　地域や業界の有力企業である中堅企業の多くは創業以来のものとして「企業の理念」を設け、企業の内外に向けて掲げています。

　多くの中堅企業が掲げる企業の理念は、企業ごとに業種や経営資源による違いはあるものの、共通しておおむね以下と理解できるでしょう。

① 「よい製品・よいサービスを提供する。よい製品・よいサービスを提供する企業活動が社会への貢献となり社会の評価を得ることになる」という企業の存在意義（使命）の表明。

② 「自らの経営資源の深化・拡大に努める」という企業自ら
　の行動指針の表明。

b　企業の理念が意味するところ

　「よい製品・よいサービスを提供することで評価を得ること」を企業の存在意義（使命）と理解すると、それは、以下を意味するでしょう。

　ア　企業活動自体が企業の目的である

　「よい製品・よいサービスを提供する」とは、企業活動の結果として企業が取引先や社会へ提供する製品やサービスの水準を日々向上させ社会の進歩に貢献することが目的だとしているのですから、それは「企業の活動自体が企業の目的である」と規定するといえるでしょう。

　「企業活動自体が企業の目的」であり、企業の存続意義（使命）とすることからは、さらに次の理解が導かれます。

　ⅰ　ステークホルダーへの考え方

　株主・従業員・取引先・地域経済などステークホルダー（利害関係者）は、企業活動のうえでなくてはならない存在であり、ステークホルダーへの配慮は必要であるものの、ステークホルダーのうちのだれかの利益を企業の目的とするわけではないと理解することになります。株主も企業活動のためのステークホルダーの一つに位置づけられ、配慮は必要であるものの、企業活動という目的のために配慮する対象にとどまり、「株主の利益の極大化」が企業の目的ではないと理解することになります。従業員ほか他のステークホルダーも同様です。

　ⅱ　独立での存続

創業以来の企業の目的を追求するとすれば、企業が「独立」で継続して存続することが導かれます。企業の目的を同じくする他社があれば統合してさしつかえないものの、そうした他社がいないのであれば、経営上の支障がない限り、株主ほかステークホルダーの利害を優先することなく、「独立」を維持して存続することが企業の目的に合致することになります。

iii　利益と競争力の確保

企業が「独立」を維持して存続し、よい製品・よいサービスを提供する活動を継続できるための条件を充足することが必要であり、その条件とは、「継続的に利益を確保して競争力を維持すること」と理解できます。「よい製品・よいサービスを提供」すれば社会の評価を経て利益の確保につながる、また、利益の確保によって企業の存続や競争力の確保ができ、さらなる「よい製品・よいサービスの提供」につながる好循環に至ると考えることになります。

イ　企業の主権者

この「企業活動自体が企業の目的」という理解は、企業は、「株主主権」ではなく、また必ずしも「ステークホルダー経営」や「従業員主権」でもないという理解になります。

「株主主権」や「従業員主権」に立つと、企業は主権者の利益追求の手段なので、「違法でない限り、できることは何でもやる」となるところですが、「企業の理念にのっとった企業活動自体が目的」とすると、「悪いことはやらない」という規範も「よい製品・よいサービスの提供」という企業の理念に含まれる内容であり、また、採算にあえば「何でもやる」のではな

く、「企業の理念に沿った製品開発や市場選択を行う」という
経営判断になるといえるでしょう。

ウ　本業へのこだわりと深化

「よい製品・よいサービスの提供」という企業の理念から
「企業理念にふさわしい製品開発・市場開拓」という考え方が
導かれることに加え、「自らの経営資源の深化・拡大」という
企業の行動指針からも、本業にこだわり、創業以来の核となる
技術や社風といった経営資源を深化させていくという経営の方
向性が導かれることになるでしょう。

「株主主権」でもなく、「ステークホルダー経営」でも「従業
員主権」でもなく、企業の理念にのっとった「企業活動自体が
目的」というのでは、企業に主権者がおらず、自然人ではない
企業は宙に浮いたような存在になってしまい変ではないか、目
的がないも同然であり企業経営にならないではないか、という
議論もあろうかと思います。

しかしながら、現実の企業社会をみると、企業経営者の多く
はもちろん、従業員や取引先など企業に関係する方々の多く
は、この「企業活動自体が企業の目的」が「本心」であり行動
の基準であろうと見受けます。

c　一体感のある組織

また、企業の理念を具体化して目的を達成する主体は、経営
者と従業員で構成される企業組織であるので、そこには一体感
がなければならず、経営者は株主への受託者責任を負う地位と
いうよりは経営者と従業員で構成される企業組織のリーダーと
いう存在、代表取締役が企業を代表することはもちろんなが

ら、個々の従業員も社外に対して取引先や顧客と接する場合には企業を代表する存在と位置づけられる、と解されるのではないでしょうか。

そして、「一体感のある組織」で運営するという企業の姿からは、以下のようないくつかの原則や「掟（明文はないもののおおむね外れることのないルール）」が導かれるでしょう。

① 経営者でも従業員でも「愛社精神」の涵養が求められる

② 従業員の長期雇用により社内で技術やノウハウが継承される

③ 経営者と従業員の間の所得格差が過度にはならない

④ 経営者の在任期間が超長期にはならない

などが認識され、原則や「掟」に反する行為にはなんらかの対抗する力が働くのではないでしょうか。

・企業の活動自体が企業の目的

・「ステークホルダーは配慮する存在ではあるが主権者ではない」「独立での存続」「利益と競争力の確保」が導かれる

・一体感のある組織、経営者はそのリーダー

---

(2) 企業の業務運営
——企業の外部からみた中堅企業、その期待する姿

地域や業界の有力企業である中堅企業に対しては、企業の外部から以下の期待が寄せられます。

① 企業から製品やサービスの提供を受ける立場から：「よい製品・よいサービスの提供」が安定的に継続されること
② 企業のステークホルダーである株主・従業員・取引先・地域経済などの立場から：好業績の反映としての株主への好リターン、良好な雇用の場の供与、健全な取引関係の維持と取引の拡大、地域の産業の高度化・進展が達成されるなど、自らの企業の利益や人生の幸福がもたらされること
③ 業界や行政・社会一般の立場から：有力企業として頼りになる存在であること

これら期待は、企業に対して、上記の企業の理念に基づく企業行動とその成果が達成されたうえで、さらに、「企業が社会的存在であると認識すること」を求めるといえるでしょう。

2　中堅企業のガバナンス

「よい製品・よいサービスを提供する」という企業の理念から、「企業活動自体が企業の目的」という企業に内在する存在意義（使命）が導かれてそれを受容し、そこから「利益の確保と競争力の維持向上」などが理解され、また、「社会的存在であることを認識する」ことを企業外部の経営への期待と認識してそれを受容すると、この両者から、中堅企業には、「企業の目的を達成する」体制、かつ、「社会的存在であることを認識する」体制を確保するというガバナンス構築が求められます。

それは、「いわゆる悪いことをしない」「会社らしい会社経

営」を行う体制の確保を求めることになります。

「いわゆる悪いことをしない体制」「会社らしい会社経営」とは、おおむね以下が内容になるでしょう。

① 経営者（主にオーナー経営者）の独断専行の排除

　企業の目的にのっとった内容であれば「最終的には社長が会社の方向性を決め、個々の業務の判断をする」ことでさしつかえないが、役員ほかに諮り意見を聞く体制であること。オーナー経営にありがちな経営者の独断専行の排除が望まれる。

② 明朗会計

　ア　会計監査を受けるなど外部の目も入る管理体制にあること

　イ　「公私混同」を避ける（創業家と企業の峻別など）体制にあること

　ウ　ステークホルダー（利害関係者）への適切な情報開示があること

③ Fairness（公平の確保）

　経営者の独断専行の排除とおおむね同趣旨ながら、人事や取引先との関係が公平で情実が排除されること。

④ ステークホルダー（利害関係者）への考慮をふまえた経営であること

　多くの利害関係者を有することをふまえ、株主その他のステークホルダーとの交流や対話がなされること。

⑤ 法令順守

　ア　労働・環境など各種法令順守の体制にあること

イ　法令に違反はなくとも、社会規範やマナーにのっとった
　　行動をとる社風・体制であること
　企業の目的を追求するために、「利益の確保と競争力の維持
向上」「会社らしい会社経営」「社会的存在であることを認識」
を確保する観点で経営を監視し牽制する体制の構築が求められ
ます。

3　中堅企業に特有の資本面の課題

　中堅企業には特有の資本面の課題が存在します。それは、小
企業に比べて規模が大きいために生じる課題と、大企業に比べ
て規模が小さいために生じる課題です（図表3－1）。
　小企業に比べて規模が大きいために生じる課題として「事業
承継」と「株式分散」を、大企業に比べて規模が小さく大企業
同様の対応がむずかしいため生じる課題として「上場企業の非
上場化」と「大企業の事業部門のカーブアウト」の合計4項目
を取り上げます。

図表3－1　中堅企業に特有の資本面の課題

1．中堅企業の事業承継
2．中堅企業の株式分散
3．上場企業の非上場化
4．大企業の事業部門のカーブアウト

(1) 中堅企業の事業承継

　中堅企業は、上場企業であれ、非上場企業であれ、なお創業家が主要な株主であって創業以来数十年を経過した企業が多く、事業承継を課題とする企業が多いものです。

　この事業承継問題には、

① 　主要株主が創業家であり経営者がオーナー経営者であって、株式の承継先と経営者の後継者の両方が課題である企業と

② 　主要株主が創業家であるが経営者はサラリーマン経営者（従業員出身）であって、株式の承継先が課題となっており、経営者（企業）がその行方を懸念している企業

の2種がありえます。

　「① 　株式と経営者の承継が課題」は小企業においても生じる課題です。しかし、小企業の場合には、企業価値が数千万円から数億円と比較的少額にとどまり、税務ほかの相続対策や公的な事業承継支援策などの活用でおおむね相続人への承継が可能であって、創業家相続人は株主および経営者の地位を承継できるといえます。そのため、小企業では相続で代を経てもオーナー経営を継続できます。ところが、中堅企業では、企業価値が数十億円から数百億円となるので、税務対策や公的支援は有効な支援策にはならず創業家の資力では承継がむずかしいという事情が生じます。第1章①(2)bで「事業承継税制や県単位のM&Aマッチング」は中堅企業では事業承継の解決策にはならないとしましたが、事業承継税制は小企業向けの施策とはなっ

ても中堅企業は規模が大きく解決には至らず、また、中堅企業を対象にする（主にコア企業を対象にする）M&Aは国内や海外の同業や密接関連業種の大企業や中堅企業を買い手候補とするものであり（第2章⑥(3)）、「県単位のM&Aマッチング」では成立しない、というのが理由です。

「② 株式の行方を懸念」では中堅企業に成長してオーナー経営を脱しサラリーマン経営となった一方、株主は創業家のままであるので、数十億円から数百億円の価値の株式の相続での帰趨を企業側が懸念するという事情が生じます。同じく「事業承継税制や県単位のM&Aマッチング」では解決策にはならないものです。

(2) 中堅企業の株式分散

中堅企業は創業から数十年の年月を経ています。その間、非上場の中堅企業において、その株主は何代かの相続を経ており、創業時には創業者1名が全株を保有していたところ、現在では株主の数が数十名にのぼり、非上場企業としては株主が多すぎると感じられる企業、さらには支配株主が消滅した企業（第2章②のA社）もあります。また、相続人において非上場株式を保有していること自体が忘れられ、遺産分割協議の対象にならなかった結果、企業では株主がだれかを完全には把握できない、あるいは、株主が上場企業とは異なり株価を意識することもないので、企業の株主であることを承知してはいても株式への関心も失われて、企業としては株主としての行動も期待できず株主総会の開催（定足数の充足など）にも苦労するといっ

た事態もあります。

　これらの場合、

①　経営者は創業家出身ではあるものの自らの株式保有は少数にとどまり、株式は分散して主要株主はいない。経営者（創業家出身）は自らが支配株主へ復帰することを望む、あるいは、現在よりは多くの株式を保有することを望むがその手法がなく、むしろ、さらなる株式分散を懸念している

②　経営者はサラリーマン（従業員出身）で株式は保有しない。経営者は株式が見知った先の保有へと集約されることを望んでいるがその手法がなく、むしろ、さらなる株式分散を懸念している

の2種があり、いずれもどのように株式を取りまとめるかが課題です。

　この株式分散の状態も、創業家株主兼オーナー経営者が継続する小企業では生じない非上場の中堅企業に特有の課題です。これも、企業価値が数十億円から数百億円となり個人の資力では対応できないために生じます。

（3）　上場企業の非上場化

　中堅企業には、スタンダード市場やグロース市場といった新興市場だけでなくプライム市場に上場する企業もあります。また、九州には福岡証券取引所という地方市場があり、福岡証券取引所への単独上場企業もあります。

　これら上場の中堅企業は、プライム市場であっても流通株式比率が低い、必ずしも活発な取引の対象にはなっていない企業

が多いものです。また、株式時価総額の面で、PBR（株価純資産倍率）が「1未満」であるなど必ずしも高い評価にならない企業も多いものです。上場には意義がある一方で企業へのコストや負担も生じ（本章6参照）、大企業であれば上場に伴うコストや負担をこなすところ、中堅企業は規模が小さいため重荷と感じることがあります。いまとなっては上場の意味に疑問を感じて、その解決策として非上場化を模索する企業も生じます。中堅企業が大企業に比べ規模が小さいために生じる特有の事情です。

⑷　大企業の事業部門のカーブアウト

近時、上場企業に対してはROEや営業利益率についての要請（ROE8％、営業利益率10数％など）がなされ、多くの大企業は、随時事業の見直しを行い、経営目標とする数値に達しない事業部門や今後の事業戦略上ノンコアと認定する事業部門や子会社を切り離して（カーブアウト）他社へ譲渡し、経営資源をコア事業に集中する経営を進めています。大企業の各事業部門は、それだけで大企業あるいは中堅企業に分類できる規模と内容をもつものが多く、他社へ譲渡するとなれば譲渡価額は数十億円から数百億円となる場合も多いと予想できます。

こうした大企業の事業部門や子会社の譲渡では、買い手候補は、大企業、中堅企業、あるいは、プライベートエクイティファンドと予想できます。売り手である大企業としては、買い手候補は事業会社でさしつかえないところですが、実際に事業を譲渡するとなると、譲渡対象事業に勤務する大企業従業員は同

業事業会社への譲渡を嫌い、「独立」の継続を願うことが多いものです。どのように事業部門を特定して、どのような買い手を想定して、どのような手続で譲渡を進めていくかなど、売り手である大企業の経営者や本社管理部門と、譲渡対象である中堅規模の事業部門の間でやりとりがなされます。

この大企業の「ノンコア事業」の切り離し譲渡や子会社譲渡は、大企業の資本面の要請を中堅規模の事業に当てはめたために生じるものであり、大企業における中堅企業と同規模の事業部門について特有の事情です。

(5)　「中堅企業に特有の資本面の課題」の「独立」維持での解決——リスクマネーの必要性

以上の4項目は、いずれも、「既存の株主が保有する株式（あるいは事業）を譲渡する」、あるいは、「企業が既存の株主へ株式譲渡を促す」ことが解決策につながります。「事業承継」の解決とは「だれかが株式の譲受人になること」、「株式分散」の解決とは「だれかが株式取りまとめ主体になること」、「上場企業の非上場化」とは「だれかがTOB手法で一般株主から株式を買い集め、スクイーズアウト手法で非上場化を図る主体となること」、「大企業の事業部門のカーブアウト」の解決策とは「だれかが該当事業を譲り受けること」です。

そこで、この4項目に共通するいくつかの解決策が浮かびます。

a　第1案「M&A」
「既存の株主が保有する株式（あるいは事業）を譲渡する」が

解決策なのですから、解決策にM&A（売り）が考えられます。第三者である譲受人へ譲渡して第三者の傘下で事業の存続を図ることを解決策とするものです。現在「事業承継」は全国的な課題でありM&Aが解決の一つとされています（図表3−2）。

　しかしながら、先に（本章１(1)b）、経営上支障のない限り「独立」での存続が企業の目的に合致するとしましたが、M&A（売り）では事業が他社の傘下へ移るので、事業の存続は果たされるものの「独立」は失われます。中堅企業のM&A（売り）では買い手候補は大企業か中堅企業と予想でき、全国的にも買い手候補の数は必ずしも多いわけではありませんから、M&A取引の買い手候補が同一地域に存在することはまずなく、M&A（売り）によって企業が他社の傘下へ移るとともに、企業は地域からも去るものと予想できます。企業側（経営者・従業員・その他ステークホルダー）が、事業の承継に加えて、企業の「独立」での継続を望み、また、地域での存続を望む場合にはその希望には合致しないことになります。

図表3−2　M&A（売り）

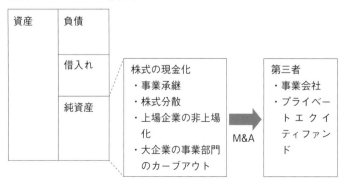

b　第2案「ほぼ全額借入れによる資金で株式を譲受け」

　そこで、事業承継などに際してM&Aで第三者の傘下へ経営が移転することを避け、既存株主の退出は行うものの、企業の「独立」を維持するとすれば、経営者自身には数十億円から数百億円の企業価値である中堅企業を買い取るほどの資力がないので、

・企業側の主導で、企業と折り合いのよい企業や個人がごく少額を出資して、株式受け皿企業（SPC）を組成する

・SPCは、ごく少額の出資と借入れで調達した資金をもって、既存株主が保有する株式全株を譲り受ける

・後に企業とSPCは合併し、SPCへ出資した企業や個人は企

図表3－3　ほぼ全額借入れによる資金で株式を譲受け

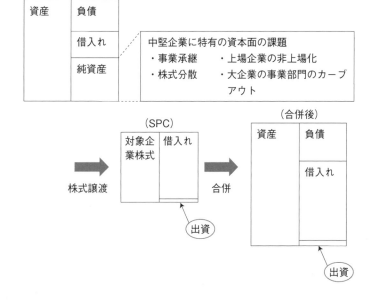

業の新株主になる

という手法が考えられないではありません（図表3－3）。

　この結果、株式受け皿企業（SPC）の借入れは企業へ移り、企業の純資産はほぼなくなります。

　しかしながら、株式のほぼ全額を借入れで譲り受けることも、また、合併後の企業は純資産がほぼゼロで借入過大となること（第6章④「Debt MBO」参照）も、とても現実的とはいえない場合が多いものです（なお、SPCを設立する手法ではなく、企業が借入れで資金を調達した自社株買いを行うなど他の手法も考えられます）。

c　第3案「一部出資・一部借入れによる資金で株式を譲受け（ステークホルダーによる株式長期保有）」

　すると、「ほぼ全額借入れ」は断念するとして、なお企業の「独立」の維持を目指すとすれば、

・企業側の主導で、企業と折り合いのよい、企業の複数のステークホルダーがある程度の額を出資して、株式受け皿企業（SPC）を組成する

・SPCは、出資と借入れで調達した資金をもって、既存株主が保有する株式全株を購入する

・後に企業とSPCは合併して、SPCへ出資したステークホルダーは企業の新株主になる

という手法が考えられます。株式受け皿企業（SPC）の借入れは企業へ移り、企業の純資産は、ステークホルダーが出資した額へと減少します。

　これは「中堅企業に特有の資本面の課題」を企業の「独立」

を維持しつつ解決する手法です。この「ステークホルダーによる株式長期保有」の手法が本書の主題であり、第7章で再度検討します。

そして、この「株式受け皿企業（SPC）」への出資とはリスクマネーの供給であり、企業を譲り受けるための資金調達の一部となるものです。対象企業の企業価値を「数十億円から数百億円」と予想しましたから（第2章6(3)）、リスクマネー必要額は、その一部である数億円から数十億円と予想でき、残りは借入れで調達することになります（図表3-4）。

これは中堅企業に特有のリスクマネー需要です。そのリスクマネー供給がなされるかどうかに企業の「独立」での存続可否が掛かります。

図表3-4　ステークホルダーによる株式長期保有

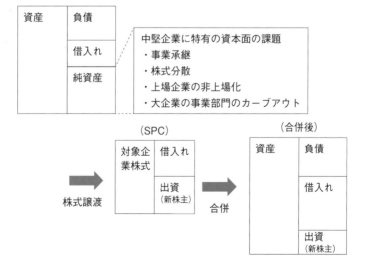

中堅企業に特有の資本面の課題でのリスクマネー需要がある

金額は数億円から数十億円である

---

4 中堅企業のリスクマネー

　第2章⑥(2)「資金需要」では大規模な投資に伴うリスクマネーの需要をみました。そこでは、「大規模な投資に際しリスクマネー調達の需要は生じうる。金額は数億円から数十億円」と予想しました。

　また、前述のように「中堅企業に特有の資本面の課題」解決第3案では「事業承継」など「中堅企業に特有の資本面の課題への対応でリスクマネーの需要は生じうる。金額は数億円から数十億円」と予想しました。

　この2種のリスクマネーは、第2章④(2)「企業のライフサイクル」に照らし合わせると、「『成長期』の『成長に向けた投資でのリスクマネー』」と「『成熟期』の『資本面の課題でのリスクマネー』」の2種といえます。

・成長に向けた投資でのリスクマネー

・中堅企業に特有の資本面の課題でのリスクマネー

---

(1) リスクマネーとは

リスクマネーとは、供給者からみて通常の債権に比べ高いリスクを負担して高い収益を期待する資金を指します。金融機関による資金供給手法には、①通常の貸出、②メザニン・ファイナンスと呼ばれる優先株や劣後ローンなど、③普通株での出資があり、このうち②メザニン・ファイナンスと③普通株での出資がリスクマネーと分類されます。リスクマネーは一般に通常の貸出に比べて返済の優先順位が劣後し、回収のリスクが比較的高く、その分高い収益が見込まれます。

普通株出資では、出資者が得るリターンは配当と株式譲渡の対価です。配当は企業によってなされ、配当額は業況に応じ変動し、受取配当額が出資者の利益です。また、株式の譲渡は、株式発行企業による取得（自社株買い）あるいは第三者への譲渡のいずれかであり、株式譲渡対価から出資額を差し引いた売却益が出資者の利益です。この受取配当と株式売却益の合計が出資者の利益です。

(2) 成長に向けた投資でのリスクマネー

零細企業が小企業へ、小企業が中堅企業へ、中堅企業が大企業へと成長する機会を得ると、成長のために年商の数十％の金額となる大きな投資を要し、その際にリスクマネーが求められるとしました。このリスクマネーは多くは普通株の増資のかたちで供給されますが、リスクマネー供給によって企業は成長し、成長が「株式の上場」というかたちに至れば、リスクマ

ネーを供給した者は、上場後に株式を市場で売却することで多額の売却益を期待できます。

　企業の成長過程で継続的に資金が必要であれば、利益は配当に回さず投資に回し、さらなる成長を目指すことは企業経営上重要なことです。リスクマネー供給者もそれを理解して、投資期間中には配当を受け取らず、結果として、株式売却益で数十％から数百％の投資利回り、数倍から数十倍の投資倍率を期待することになります。

　また、リスクマネー供給者は、投資を回収する手法としては主に株式の市場売却を想定して、企業による自社株買いは想定していないものです。企業の成長の暁に、数倍から数十倍の投資倍率になるということは株式評価額が利益水準相応に高く、企業が株式を取得（自社株買い）することは金額的にむずかしい、また、自社株買いをしたのでは資金の流出となってその後の成長を阻害するのでむずかしいことにもなります。

図表3－5　成長に向けた投資でのリスクマネー

資産	負債		
	借入れ		
	純資産		
投資による追加資産	投資のための純資産増加		成長に向けた投資のためのリスクマネー

成長に向けた投資でのリスクマネーの性格は以下と理解でき
ます。

① 　企業の成長を前提に

② 　配当よりは株式売却益がリターンの中心

③ 　市場売却が主で自社株買いは想定せず

④ 　高い利回りを期待できる

(3)　中堅企業に特有の資本面の課題でのリスクマ
ネー

　また、中堅企業には特有の資本面の課題があり、課題解決に
適したリスクマネーが供給されれば、「一部出資・一部借入れ
による資金で株式を譲受け（ステークホルダーによる株式長期保
有）」の手法が成り立ちうる、このステークホルダーによる出
資はリスクマネーであると述べました。

　そのため、このリスクマネーは、「成長に向けた投資のた
め」のものではありません。企業にとってはニューマネーでは
なく、既存の株主と新株主（受け皿SPC）との間でやりとりさ
れる「資本の入替え」のためのものであり、企業の成長に直ち
につながるものではないことを理解する必要があります。

　また、このリスクマネーを求める「資本面の課題」を抱える
中堅企業の多くは成熟産業に属する成熟期の企業と思われま
す。そこで、常に一定の成長を期待することは当然としても、
成長期待の度合いは成長期の企業に対する期待と異なることも
間違いなく、たとえば「名目成長をある程度上回る」程度、
「業界の有力企業の地位を継続確保できる程度」であることも

認識する必要があります。そのため、出資者へ毎年配当での利益還元は実施できるとしても、「成長に向けた投資のため」のリスクマネーほどにはリターンを提供できないことになります。

さらに、「資本の入替え」であるため、入替えに要する金額は企業価値額のおおむね全額となり、リスクマネーの一部であれば格別、その全額を、後に企業が自社株買いで償還することはむずかしいことも認識する必要があります。

そこで、企業の「独立」を受け容れたうえでの「資本面の課題のためのリスクマネー」とは、「成長を前提とする」性格で「上場・市場売却・数倍から数十倍の投資倍率を期待する」リスクマネーとは異なり、「事業が軌道に乗った『成熟期』の企業が生み出す程度の利益を受け容れる」性格で「長期保有・相応の水準の配当がリターン」とするリスクマネーになります。

中堅企業に特有の資本面の課題でのリスクマネーの性格は以下と理解できます。

① 成熟期の企業での資本入替え資金であることを前提に

② 長期保有を前提

③ 自社株買いは想定せず

④ 配当は可能

これまで、リスクマネーの議論は「成長資金の供給」という観点でのみ取り上げられてきました（「総合戦略」でも、リスクマネーは、イノベーション創出におけるリスク性資金の供給として取り上げられています（第1章①(1)b(1)⑦））。しかしながら、中堅企業では、同時に、「成長資金の供給」には該当しない「資

本面の課題」での需要があり、それは、中堅企業の「独立」での存続や堅実な成長のためと認識する必要があります。

中堅企業のリスクマネー

① 成長に向けた投資でのリスクマネー

② 中堅企業に特有の資本面の課題を「独立」を維持しつつ解決するためのリスクマネー

---

5 中堅企業のリスクマネー調達

小企業、大企業を含め、企業規模別にどのようにリスクマネーが調達されるかを見ていきます。

(1) 小企業のリスクマネー調達

大きな投資での資金調達、あるいは、相続や相続対策としての資金調達で数千万円から数億円の資金を要する場合があります。全額借入れが可能であれば問題ないところですが、全額借入れでまかなうのではなく、ある程度返済を要しない資金を調達したい場合も生じます。数千万円から数億円の調達を要する場合の一部をこの返済を要しない資金、つまりリスクマネーを調達したいものとして、その金額は、数百万円から数千万円といったところとしました（第2章③(3)d）。

小企業や零細企業での数百万円から数千万円程度の額のリス

クマネー調達となると、外部調達ではなく、オーナー経営者による私財投入や、縁故での調達が多いのではないでしょうか（また、全額を金融機関からの借入れでまかない、金融機関が超長期の返済を許容する、あるいは、金利の支払だけで金融機関は事実上返済を求めない運用がなされることもあるでしょう）。

(2)　大企業のリスクマネー調達

大企業においては、大きな投資の際に数百億円から数千億円の資金調達を要する場合があり、数百億円を上回る額のリスクマネー調達の需要も生じるとしました（第2章③(1) e ）。

大企業はほとんどが上場企業であり、調達の手法は、資本市場での公募増資や第三者割当増資による普通株の追加発行あるいは転換社債といった従来からの手法に加え、近時は多様化して、劣後債や劣後ローンでの調達の例も生じ、数千億円の金額規模でなされている例もあります。ただし、種類株（無議決権株）の発行には会社法や上場規則の規制があり、ほぼ例がありません。

(3)　中堅企業の従来のリスクマネー調達

中堅企業のリスクマネー需要は、成長に向けた投資でのリスクマネーであれ、資本面の課題でのリスクマネーであれ、数億円から数十億円といった金額と見込みました。

a　成長に向けた投資のためのリスクマネー

このうち、成長に向けた投資では、高い収益力の企業（売上高税引き後利益率が10％を超えるような水準）であれば、手元現

預金やある程度の金額の短期の借入れでまかなうことができ、新たなリスクマネー需要にはならないでしょう。一方、標準的な収益力の企業（売上高税引き後利益率が３％から５％程度）では、手元現預金とある程度の借入れではまかなえずに、リスクマネーの追加調達の必要も生じます。

　調達の手法として、上場の中堅企業では、上場大企業と同様に、資本市場での公募増資などがあります。

　一方、非上場の中堅企業では、リスクマネー調達としてまず思い浮かぶのは第三者割当増資ですが、増資額が数億円から数十億円の金額となると、創業家など既存株主だけでは増資を引き受けることができずに、外部に引受先を求めることになります。小企業であれば私財投入や縁故での調達で片付くところ、中堅企業ではそうはいかないところです。

　外部に求める引受先としては取引先である事業会社やベンチャーキャピタルあるいは金融機関が思い浮かびます。ところが、ベンチャーキャピタルはもちろんですが、事業会社や金融機関を引受先とした場合でも、引受先へなんらかのかたちで将来報いることが必要になります。将来「自社株買い」を行うことは上記のように現実的ではないので、結局、企業は上場を目標にすることになるでしょう。外部からのリスクマネー調達は上場が前提になります。

　すると、「上場の中堅企業」、および、「上場を前提とする中堅企業」には、リスクマネーを調達する手法があるものの、「非上場にとどまりたい中堅企業」「上場には至らない中堅企業」にとっては、現状、リスクマネー調達の手法を見出しにく

いことになります。

b 資本面の課題のためのリスクマネー

　資本面の課題のためのリスクマネーは企業の成長・株式価値の向上に直接結びつくものではありませんから、リスクマネー調達が上場につながるものではなく、また自社株買いもむずかしいので、結局、現状、調達の手法を見出しにくいことになります。

　近時は比較的規模の小さな企業でも上場が可能であり、「非上場にとどまりたい中堅企業」に目が向かなかったところです。また、「成長資金」にのみ議論が向かい、成長資金とは異なる「資本面の課題」に目が向かなかったところです。「成長に向けた投資のためのリスクマネー」であっても、上場を前提としない企業には調達方法がなく、また、「資本面の課題のためのリスクマネー」については企業の需要に合致する性格のリスクマネーが存しないといえます（図表3－6）。

　本章⑥に記載するように、上場は企業の目的と相いれないと理解する企業もあり、また、上場に伴う負担やコストが認識されるなか、「非上場にとどまりたい中堅企業」「上場に至らない中堅企業」は少なくないものと思われ、これら企業にとっての数億円から数十億円の主に「資本面の課題のためのリスクマネー」について、上場を前提としない調達方法に関心が生じます。

図表3－6　リスクマネーの分類

	上場・非上場	利益の水準	リスクマネーの追加の必要性
小企業	非上場		あり
中堅企業	非上場	高収益の企業	なし
		標準的な収益の企業	あり
	上場（または上場前提の非上場）		あり
大企業	上場（または上場前提の非上場）		あり

(注)　小企業・大企業は「リスクマネー調達の追加の必要性がある」場合記載。

6　中堅企業の上場

(1)　上場の意義

　従来、株式上場は企業にとって成長のうえでの大きな目標でした。

　上場の意義として以下があげられてきました。

① 　資本市場で資金調達が可能になること

② 　創業者など既存株主が市場で株式を売却することにより売却益を獲得し、その後も株式は流動性を得て売買が容易になること

リスクマネーの 追加の要調達額	リスクマネーの追加調達先	
	上場前	上場時・上場後
数百万円〜数千万円	創業家や縁故など個人	
ゼロ	なし（手元現預金と一部借入れで対応可能）	
数億円〜数十億円	？	
	事業会社・ベンチャーキャピタル・金融機関など（上場前提）	公募増資（個人・機関投資家・外国人）
数百億円超	事業会社・ベンチャーキャピタル・金融機関など（上場前提）	公募増資（個人・機関投資家・外国人）

のみを記載。中堅企業は「リスクマネー追加調達の必要性がない」場合も

③　企業の認知度が増し、社会的地位や信用が向上すること

　このうち、

　①資金調達については、上場時には公募増資による資金（リスクマネー）調達がなされることが一般的です。上場時の時価総額の20％から30％の金額の公募増資を見込むことができるでしょうから、年商100億円程度の企業で上場時に時価総額が100億円程度となると、20億円から30億円を増資により確保可能と見込むことができます。この資金を事業の拡大に用いることができます。

　②創業者など株主の売却益獲得と株式流動性確保については、上場により株式は市場で取引可能となり、上場時には創業者など既往の株主は保有する株式の一部を売り出し、売却益を

獲得できます。上場時の時価総額が100億円にもなると、創業者は上場時に保有株式の一部を売却して数億円の売却代金を獲得し、さらに、引き続き保有する株式の時価が数十億円になることもあるでしょう。また、ベンチャーキャピタルなど非上場時に増資を引き受けた既往の株主も株式売却益を獲得します。

③企業の社会的地位の向上については、上場により、企業の知名度や信用力が向上して、採用の面でも営業の面でも意味があります。企業の社会的地位の向上につながり、さらには従業員の志気にも影響します。

(2) 上場に伴う負担やコスト、上場企業をめぐる環境

一方で、上場企業には、会社法や金融商品取引法の規定、証券取引所の上場規則などの規制があります。また、近時株主構成には大きな変化があり、企業は株主の性格など上場後の環境を認識する必要があります。

a　機関設計

ア　会社法の規定

会社法が規定する公開大企業（上場企業ではありません）は以下の機関設計を要します（ここで大企業とは会社法の定義による「資本金5億円以上、または、負債合計額200億円以上の企業」です。本書で大企業と分類した「年商や資産規模が数千億円以上」ではありません。また、公開企業とは「株式に譲渡制限が付されていない企業」です）。

① 監査役会（監査等委員会設置会社、指名委員会等設置会社で

なければ）の設置が必要

② 監査役会設置の場合には監査役は3名以上で社外監査役2名以上必要

③ 取締役会の設置が必要

④ 会計監査人の設置が必要

　イ　証券取引所規則やコーポレートガバナンスコードの定める原則

　上場企業を対象として証券取引所規則やコーポレートガバナンスコードの原則が定められています。そのうち以下機関設計に関する部分です。

① 独立社外取締役2名以上。プライム市場上場企業では3分の1以上を選任すべき。さらに、業種・規模・事業特性などによってはプライム市場上場企業では過半数、その他市場上場企業では3分の1以上の独立社外取締役を選任すべき

② 監査役会設置会社や監査等委員会設置会社であって独立社外取締役が過半数に達していない場合でも、独立社外取締役を主要な構成員とする独立した指名委員会・報酬委員会を設置して委員会の関与・助言を得るべき。プライム市場上場企業は、各委員会の構成員の過半数を独立社外取締役とするべき。機関設計にかかわらず、任意の指名委員会と報酬委員会を設置し社外取締役を主要構成員（あるいは構成員の過半数）とすべき

という趣旨です。

　上記の会社法とコーポレートガバナンスコードから、上場の大企業においては、

① 指名委員会等設置会社

② 監査等委員会設置会社

③ 監査役会設置会社

のいずれか選択し、監査役会設置会社を選択した場合でも、独立社外取締役2名以上（プライム市場上場では3分の1以上）、会計監査人設置、社外監査役2名以上選任することを要し、さらに、コーポレートガバナンスコードに適合するには、任意に指名委員会と報酬委員会を設置して社外取締役を主要構成員とする（プライム市場上場では過半数とする）必要があります。

b 情報開示

上場企業では、債権者や株主に加え投資家への情報開示が求められ以下が定められています。

ア 法定継続開示

金融商品取引法の規定による開示制度です。有価証券報告書、半期報告書、四半期報告書、臨時報告書などの作成・提出が定められています。会社法に定める計算報告書、事業報告、付属明細書の作成義務もあり金融商品取引法の開示内容と重なる部分もあります。

イ 証券取引所による適時開示制度

取引所規則の規定による開示制度です。決算情報（四半期ごとの決算を含む）や事業再編の決定など、インサイダー取引規制上の「重要事実」に該当する事項などを適時に開示するよう求められます。

ウ IR活動

投資家向けの広報活動がなされ、投資家向けや証券会社アナ

リスト向けの説明会で国の内外でなされます。

c 内部統制

　上場の大企業（会社法の定義です）では、会社法により、取締役会決議でリスク管理体制ないし内部統制システムを整備する必要あるほか、金融商品取引法により、財務計算に関する書類その他の情報の適正性を確保するために必要な体制について評価した「内部統制報告書」を作成し、公認会計士または監査法人の監査証明を得る必要があります。

d ROE経営

　2014年の経済産業省「持続的成長への競争力とインセンティブ～企業と投資家の望ましい関係構築～」プロジェクト最終報告書（伊藤レポート）において、日本経済が継続的な持続的成長軌道へ回帰するためには、企業が持続的低収益から脱却することが求められるとし、企業の持続的成長を評価する重要な指標はROEであるとされました。そして、8％を超えるROEを達成することに企業はコミットするべきであり、また、日本企業のROEの長期的低迷の主因はレバレッジではなく事業収益力の低さであると指摘されました。

　伊藤レポートを受けて、上場企業の多くは、中期経営計画などで、ROE目標と営業利益率の目標を掲げるに至りました。

e 株主の性格

　金融機関に対するBIS規制や時価会計に加え、コーポレートガバナンスコードでも政策保有株には否定的な姿勢が示され、近時はメガバンクを中心に、金融機関と大企業上場取引先との株式持い関係は減少しています。しかしながら、その結果、

国内一般個人株主の持株比率が向上したわけではなく、むしろ年々低下を続けており（2019年末で投資信託等間接保有分を除き16.5％と過去最低を更新：証券業協会）、株主の機関化が進んでいます。株主の機関化の結果として、必ずしも最終的な資金供給者がだれであるか判然としない外国人投資家や国内の機関投資家が各企業の上位株主として登場しています。

コーポレートガバナンスコードは取締役の株主への受託者責任を述べ、株主との建設的な対話を求めますが、対話の相手の多くは、外国人投資家や国内機関投資家となります。これら株主は株主主権の立場にあり、資本コストを超えた部分が真の利益であり株主に帰属するもの、また、利益のうち配当に回さずに企業に残った留保部分も株主に帰属するものであり株主が企業に再投資したもの、という解釈にあります。

上場企業ではだれが株主として登場するか発行体企業が管理することはできず（株主を選ぶことはできず）、企業にはいわゆる「モノ言う株主」の登場や、「敵対的買収（乗っ取り）」の懸念も生じます。

以上の上場企業への規制や環境に対しては、

① 短期利益志向と経営における長期的視点の欠落となる

② 内部統制が過剰である

③ 従業員の軽視につながる

④ 海外投資家に対する国富の流出である

といった批判もあるところです。

⑶ 中堅企業の上場再検討

　上場する中堅企業のすべてがプライム市場に上場しているわけではなく、直ちにプライム市場上場企業に対するコーポレートガバナンス原則が適用されるわけではない企業もあるものの、多くの企業は、上記の規制や株主の性格が近時の上場企業が置かれた環境であり、その環境は時間の経過によりさらに適用範囲を拡大させると考えているでしょう。

　これらの規制や株主の性格が求める上場企業の姿は、「企業の活動自体が企業の目的である」と規定する多くの中堅企業が求める「中堅企業の姿」とは異なるものであり、上場と自らの「企業の目的」は相いれないと認識する中堅企業もあるでしょう。

　さらに、上場に伴う機関設計などの要請を重荷と感じ、また、上場に伴うコストを負担と感じる中堅企業もあるでしょう。

　上場にかわる施策がないかと思う企業が出てきても不思議ではありません。

> ・上場と自らの「企業の目的」が相いれないと認識する中堅企業がある
> ・上場に伴う規制やコスト、さらに近時の一連の改革を負担と考える中堅企業がある

　上場の意義について、

①　資本市場での資金調達

②　創業者の資本市場での株式売却による売却益確保

③　企業の認知度向上による社会的地位の向上

をあげました。

　資本市場での資金調達については、リスクマネー需要は数億円から数十億円であり、上場時に増資によって調達できる額も数億円から数十億円であると理解しましたので、数億円から数十億円の上場にかわるリスクマネー調達手法が現実に存在すれば上場にはこだわらないという中堅企業も登場しそうです。

　また、創業者の株式売却の観点については、近時はM&A取引が活発になり、中堅企業を対象にすると、大企業・中堅企業・プライベートエクイティを買い手候補にあげることができますから、創業者には上場でなくてもM&A売却による株式売却の道はあるといえるでしょう。ただし、上場の場合には、創業者株主が株式を売却した後にも、企業は独立を維持できる（上場後に登場する新たな株主の性格を問わないとして）のに対し、M&A売却では企業は独立ではなくなり他社の傘下に入るという差異があります。企業の独立が維持でき、創業者が株式を売却できるM&A売却にかわる手法が存在すれば上場にはこだわらないという中堅企業も登場しそうです。

　最後に企業の認知度の向上による社会的地位の向上についてですが、企業の広報活動に努めることなどが対策になるのでしょう。ただし、上場同等の効果をあげるか、はなかなかむずかしいところです。

> 数億円から数十億円のリスクマネー調達の手法があれば中堅企業の上場代替策になりうる。ただし、上場に伴う社会的地位の向上の観点は残る

7 中堅企業の数

では中堅企業はどのくらい存在するでしょうか。以下の分類で考えてみます。

① 上場中堅企業

② 非上場中堅企業

③ 大企業の事業部門あるいは子会社で分離（カーブアウト）可能性がある事業あるいは子会社

（1） 上場中堅企業

九州・山口には本社を置く（銀行を除く）上場企業が130社あります（2021年11月7日現在）。このなかには九州電力など大企業に分類する企業もありますが、その多くは中堅企業と分類できます。九州・山口に所在する上場中堅企業は100社以上存在すると見込めます。

（2） 非上場中堅企業

後に紹介しますが（第6章⑤）、中小企業投資育成法に基づ

き1963年に設立された投資育成機関に「東京中小企業投資育成株式会社」「名古屋中小企業投資育成株式会社」「大阪中小企業投資育成株式会社」の3社があります。これら3社は、設立当初は公的なベンチャーキャピタルとして上場を予定する企業への株式投資を行い、上場後に株式を売却して売却益を得ることを業務内容としていましたが、近時は、上場を前提とせず、中堅・中小企業が発行する株式や新株予約権付社債などを引き受け長期保有し配当収入を得ることを業務内容としています。

　九州は3社のうち大阪中小企業投資育成の担当地域になります。同社のホームページによると、同社は「投資先の業種は製造業が54.3%」で、「投資先の平均業績は2021年4月期から2022年3月期で売上高5,301百万円、当期利益215.9百万円（売上高比4.1%）」ということですから、投資先の多くは中堅企業の分類に該当するようです。そして、九州・山口に本社を置く企業への投資先社数は190社（2022年3月末、同社ホームページ）とのことです。ちなみに投資育成3社合計の全国の投資先社数は2,611社（同社ホームページ、2018年3月末現在、投資残高87,819百万円）とのことです。

　大阪中小企業投資育成が担当する西日本に所在する中堅企業の50%以上と取引関係があるとは考えにくく、九州に所在する「非上場の中堅企業」は大阪中小企業投資育成投資先190社の数倍はあると推定できるでしょう。

(3)　大企業のカーブアウト候補

　大企業の事業部門や子会社は中堅企業の規模を有する場合が

あることを記しました（第2章③(1) a）。

　日本全国で年商1兆円を超える企業数は149社、5,000億円を超え企業は289社、3,000億円を超える企業は434社です（2020年、Strainer）。年商3,000億円程度の企業であればノンコアと認定される事業や子会社はあるでしょうから、大企業のカーブアウト候補は数百はあると見込めるでしょう。

　結局、九州には上場中堅企業が100社以上、非上場中堅企業が300社から400社の合計で、400社から500社は存在すると推定できるように思います。九州は経済規模で日本の「10分の1経済」といわれますので、全国では、九州所在400社から500社の10倍で4,000社から5,000社です。首都圏や関西圏はより多くの企業があるでしょうし、そのほかに大企業のカーブアウト候補が数百はあるでしょうから、全国の中堅企業の数は合計では「1万を超える社数」になるかと推定します。

　全国には1万を超える数の中堅企業が存在するでしょう

第 **4** 章

コア企業と地域経済

1 地域経済がほしい企業、企業分類に沿った地方創生の課題

（1）　地域経済がほしい企業

　ここまで、企業を「大企業」「中堅企業」「小企業」の3分類あるいは「零細企業」を加えた4分類で論じてきました。このように分類すると、当然ながら、各地域にはできればそのすべてが存在してほしいところです。

a　大企業の拠点・工場

　大企業の本社は首都圏の所在が多く（大阪から東京への大企業本社の移転の動きも全国的な課題です）、工場や研究所などの拠点が所在する地域も昔からの企業城下町など数は限られます。工場は国内地域外へ製品を出荷して国内向けの「地域の外から稼ぐ」ことに貢献するほか、海外への輸出により海外向けの「地域の外から稼ぐ」ことに貢献します。研究所などの拠点は、海外を含めた地域外との交流の拠点となります。そして、取引先企業（下請企業など）は大企業工場所在地に多いので、大企業と取引先企業との取引は国内地域外から稼いだ資金を地域で循環させて「地域内経済循環」を実現することに貢献します。

　過去約30年間で生じた工場の海外移転によって地域に所在する工場の規模は縮小し地域経済の低迷につながっています。工場の国内回帰策が地方創生にとって重要です。大企業工場の国内回帰は地方創生だけにはとどまらない国の大きな課題です。

b　中堅企業の本社・工場

　創業者が個人で企業を設立し、零細企業から小企業へと成長し、さらに成長して中堅企業に至り、属する業種によっては地方創生の「コア企業」と位置づけられる企業に成長します。中堅企業は全国で1万社以上あるのではないかと予想し（第3章⑦）、その発祥地は全国各地と予想できます。

　コア企業と位置づけられる中堅企業の工場は、国内地域外へ製品を出荷して国内向けの「地域の外から稼ぐ」ことに貢献するほか、海外への輸出により海外向けの「地域の外から稼ぐ」ことに貢献します。そして、地域内に所在する取引先（下請企業など）との取引を通じ「地域内経済循環」を実現することに貢献します。中堅企業の本社は、多様な職種を提供し小企業では生じない経営課題に取り組む人材を擁して、相応の処遇のもとで、従業員を雇用します。また、先端的な研究開発にも取り組んで海外を含めた地域外との交流の拠点となります。

　そこで、中堅企業の本社と本社工場が発祥の地を去らず、「独立」で存続して、中堅企業へと成長しても大都市圏へ移転せずに本社が発祥の地にとどまることは地方創生にとり大きな意義があります。中堅企業の「独立」での存続と、地域への引き留めが地方創生にとって重要です。

c　小　企　業

　小売・飲食・地域交通など、いわば、地域を問わず全国各地に存在する業種に属する企業や小規模製造業などが中心に構成されます。日常生活の多くはこれら小企業の活動により充足されます。また、大企業の工場運営や中堅企業の本社業務や工場

運営も多くはこれら小企業の活動に依存しています。その製品やサービスの継続的な品質向上と合理化は常に課題であり、生産性の向上が期待されます。中堅企業のうち「地域内完結企業」の機能もおおむね同様です。

　継続的な地域のイノベーションや地域産業の新陳代謝、地域金融機関等との連携による経営改善など「総合戦略」に述べられる施策が当てはまります。その製品やサービスの継続的な品質向上と合理化は常に課題であり、生産性の向上が期待されます。

d　零細企業

　小企業と同様に「総合戦略」に述べられる施策が当てはまります。

e　地域経済に存在する企業

　各地域はすべてをほしいことは当然としましたが、現実には、大企業は本社だけでなく拠点・工場でもすべての地域に存在するものではありません。結局、大企業の拠点や工場が所在する地域ではaからdの企業すべてが、大企業工場所在地を除く全国ほとんどの地域では、bからdの企業が存在してほしいものです。

　また、「総合戦略」では、「農林水産業の成長産業化」と「地域の魅力のブランド化と海外の力の取り込み」が盛り込まれ、観光業と6次化一次産業を特筆したものと理解できます。両者とも地域での担い手は小企業あるいは零細企業に該当する企業が主と考えられますが、「小企業」「零細企業」ながら「地域外から稼ぐ」「海外から稼ぐ」可能性ある業種として特に取り上

げられているのでしょう。

⑵　企業分類に沿った地方創生の課題

　以上から、企業分類ごとに地方創生の観点での課題も理解できます。

① 　大企業

　・工場の国内回帰

② 　中堅企業

　・企業の「独立」での存続と、本社および本社工場の地域への引き留め

③ 　小企業・零細企業

　・製品や製造工程の高度化・合理化や伝統産業の振興

　・活発な創業

など「総合戦略」に述べる事項。

　地方創生は、大企業の工場国内回帰から小企業・零細企業の高度化・合理化まで、企業分類すべてでの活性化が本来の取組みでしょう。そのうえで、特に「地域の外から稼ぐ」「地域内経済循環を実現する」を地方創生の目標とすると、大企業の工場国内回帰および中堅企業の「独立」の維持と本社や工場の地域への引き留めが大きな課題といえるでしょう。

> 大企業・中堅企業に向けた地方創生での課題
> ・大企業の工場国内回帰
> ・中堅企業の「独立」維持、地域への引き留め

2 　中堅企業の事業上のニーズ

　中堅企業の地方創生の観点での課題として、「地域への引き留め」と「独立の維持」をあげました。

　まず、「地域への引き留め策」について考えることとし、中堅企業の業務内容を理解し事業上のニーズを考えます。発祥の地でも事業上のニーズが充足されることが、事業上の必要性から大都市圏へ移転することを回避することにつながるものです。

(1)　本社管理業務のニーズ

　コア企業に該当する中堅企業の管理部門の業務内容を定型的な業務内容と非定型的な業務内容に分けて考えます。

a　定型的な業務

　定型的な業務というと、会計・決算・財務・税務といった経理財務の業務、採用・人事評価・退職・組合折衝といった人事労務の業務、取締役会・株主総会・不祥事対応・内部統制といった総務の業務などが思い浮かびます。そのうち、経理財務では、資金繰り管理・月次決算・売掛管理から決算・納税に至る一連の業務が生じ、交流する外部専門家は、金融機関・公認会計士・税理士といったところです。

　小企業であれば、こうした業務内容と外部専門家がすべてですが、コア企業に該当する中堅企業でたとえば海外に子会社があるとなると業務内容も外部専門家もそれだけにはとどまりま

せん。たとえば、海外に子会社があり、月初めの所定日までに月次決算を固めて本社へ提出するよう定めているところ、月次決算の期限に遅れがちということも生じるでしょう。すると、その原因はどこにあるのだろうか、海外子会社へ本社から派遣されている者に加重な業務負担が生じているのだろうか、現地のオペレーションがうまくいっているのだろうかという心配となり、経理財務だけでなく海外での人事労務や会計制度などへの思いも生じるでしょう。さらには、海外の税務当局と移転価格をめぐるやりとりが生じ、なかなか解決に至らずに子会社限りでは対応できない事態もあるかもしれません。また、人事関連では、大企業退職者を採用したい、採用のために従来とは異なる人事評価制度をつくりたい、さらに、研究職や営業職の外国人（技能実習生ではない外国人）を採用したいといった業務が生じることもあるでしょう。

　結局、会計や人事といっても、定型的な業務とはいえない業務内容に進展しがちです。そして、これらに対応するために求める外部専門家とは、税理士といっても申告税務とは異なる国際税務を専門とする者、採用や新たな人事制度構築のために相談する相手はヘッドハンターや人事コンサルタントとなるでしょう。いずれも小企業では生じない業務内容であり、小企業では登場しない外部専門家です。

　そこで、中堅企業は、小企業が交流するのと同様の外部専門家との定例の交流があるほか、時に応じて、より専門性の高い案件に携わる外部専門家との交流を要することになります。

b 非定型的な業務

　非定型的な業務というと、M&A、研究開発での他社・研究機関との共同開発、海外企業との提携といった内容が思い浮かびます。そこでも専門性が求められ、その専門性とは、同種の性格のM&Aでの法務や交渉の経験、相手企業の技術面の見極め、海外企業との契約関連の知識といったものですから、やはり高い専門性が必要で、外部専門家活用の必要が生じます。そして、ここでも外部専門家とは、同種の業務経験の深い弁護士・公認会計士・M&Aアドバイザー、大学や研究機関の研究者などということになります。

　こうした非定型的な業務は中堅企業において頻繁に生じるわけではなく、これら専門家と常時の交流に至るわけではありませんが、時に応じ、実のある交流を必要とします。

c 対　　応

　定型的な業務といっても小企業とは異なる業務内容に転じることが多く、また、非定型的な業務も生じるので、中堅企業の業務内容は、規模は大企業に比し小さいものの、内容面では大企業と同質といえるものです。

　その取組みのため、外国語人材や海外赴任人材を含め優秀な人材を確保して経験を積んでもらうなど人材養成に努めるほか、外部専門家を有効に活用したいところです。

　人材の採用については、新卒者では、地元出身者だけでなく地縁のない他県出身者にも応募してもらい優秀な人材の採用につなげること、また、中途採用も重要であり、他県出身者を含めた中途採用候補者からの応募を得ることが課題でしょう。採

用と同様に、近時は、リテンション（人材の引き留め策）も重要です。採用面でもリテンションの面でも企業アピールは重要です。

　外部専門家の活用については、専門性の高い外部専門家の多くは大都市に所在することが多いものですが、企業としては必要が生じた場合は相応の頻度で行き来が生じるので、外部専門家には、できれば半日、悪くても日帰りで行き来できる時間距離にいてほしいところです。

　業務経験の積み重ねと、大企業や同じコア企業に該当する中堅企業、また、外部専門家との交流が人材育成につながります。

(2)　営業・拠点運営・研究開発業務のニーズ

　中堅企業は、国内各地に営業拠点を有して、大企業の工場などへ製品を販売します。営業活動の対象地は、大企業の本社の多くが所在し大消費地でもある、東京・大阪といった大都市圏を中心に国内各地になります。そして、顧客や自社営業拠点との交流では、フェイス・ツー・フェイスも必要になり、国内各地への出張が頻繁に生じます。さらに、海外への輸出や海外での生産活動もあるので、海外への出張も頻繁に生じます。加えて、国内外の研究機関との共同研究や学会・セミナーなどへの出席といった機会も多く、やはり大都市圏中心に出張が生じます。

　すると、国内出張では、全国どこでも日帰り圏内（片道4時間程度）であることが望ましく、特に大都市圏へ日帰り圏であ

ることは重要です。

　また、海外出張では、朝自宅をたって午前出発の国際線に搭乗できることが望ましいので、本社所在地や自宅から多くの国際線就航地を確保する空港まで2時間程度で到着できるとありがたいところです。

　ネットでの通信による交流機会が発達してもフェイス・ツー・フェイスの交流は重要であり、交通の便利さには大きな意味があります。

(3)　工場のニーズ

　次に中堅企業の工場のニーズを考え、工場を新設する場合にはどのような立地条件を求めるか想像してみます。国内販売の製品と海外への輸出製品の両方を製造する工場を想定します。

a　ハード面

　ア　工場の面積

　イ　土地利用区分：工業地域・準工業地域

　ウ　交通環境

　　①　通勤での交通：1時間程度の通勤圏で広範な範囲から広く人材を求めることができること

　　②　本社との交通：本社との日帰り出張（片道4時間程度）が可能であること

　　③　製品輸送での交通：国内の都市部や他社工場への出荷に加え、港湾や空港を経由した輸出のため多くの海外就航地や便数を確保する港湾や空港が近傍に所在すること

　エ　インフラの状況

① 電力の安定性

② 建蔽率・容積率

③ 騒音規制・排出基準など環境規制

④ 工業用水

⑤ 緑地割合　など

b　ソフト面

ア　人材面

① 従業員確保：工業地帯であるなど、工場従業員として十分な教育水準にある従業員を所要人数確保でき、将来の業況拡大時にも増員可能とメドを立てられること

② 本社から転勤する従業員の満足度：本社から転勤する従業員にとって満足する居住環境・都市環境、さらに子弟の教育環境にあること

イ　災害対策

① 災害発生リスク

② BCP強化：工場新設が企業全体での災害発生リスクを軽減しBCP強化につながること

ウ　その他サポート

・経済面や手続面で行政サポートを期待できること

　通勤での地域内交通、本社との交流のための域外交通、国の内外への製品出荷のための交通と従業員環境が重要です。

⑷　人事面のニーズ

　⑴の本社の管理業務において、人事面については採用とリテンションを課題としました。この優秀な人材の確保の要請は、

本社の管理業務だけでなく、営業・研究開発・工場での生産業務などすべてに及びます。そして、新卒者であれ中途採用者であれ、地縁に関係なく多くの応募を得て、優秀な人材を採用し継続雇用したいところです。

3 コア企業が地方に残るには(1) ── 事業上のニーズへの対応

本社管理、営業・拠点運営・研究開発、工場、人事のニーズを以上のように理解して、「地域への引き留め」の面での中堅企業の地域に対する期待を考えます。

それは、「地方中核都市への期待」と「交通・環境などインフラについての期待」といえるでしょう。

(1) 地方中核都市への期待

企業の、本社管理、営業・拠点運営・研究開発、工場、人事など事業面のニーズには、企業で対応できる内容に加え、企業自らでは対応できない内容があり、企業限りでは対応できない内容が地域から提供されることを期待します。

中堅企業の事業上のニーズへの対応として外部専門家活用の必要が生じ、それは、「定型的な業務」での外部専門家活用の必要性と、「定型的な業務から派生した業務」あるいは「非定型的な業務」での外部専門家活用の必要性の2種類があることを述べました。

a　事業上のニーズに対応する２種類の外部専門家活用

ア　定型的な業務から生じるニーズ

企業の税務・財務・総務・工場運営など各分野での、月次の決算・申告税務・月次の決済などの金融取引・社内外の総務人事管理業務・工場での原材料仕入れや製品発送など、企業であれば規模にかかわらず生じる定型的な業務です。こうした業務で、申告税務・銀行取引・地方自治体との交渉などで外部専門家との交流が生じます。

イ　定型的な業務から派生した業務や非定型的な業務から生じるニーズ

コア企業に該当する中堅企業では、これらに加え、国の内外に所在する子会社の会計や国際税務・海外での資金調達など日々の業務活動ながら定型業務とは異なる内容の業務が生じ、また、M&Aや他社との共同研究など非定型な業務が生じます。こうした業務では、各方面で、「より高い専門性」をもった外部専門家との交流が必要になります。

b　「専門性が高い」とは何か

この「より高い専門性」とは、申告税務でなく組織再編や国際税務、通常の訴訟法務ではなく企業再編やコーポレートガバナンスの法務、県内マッチングではなく国の内外で数社を潜在的な候補とするM&A、通常の借入れではなく事業性のシンジケートローンを扱う金融といった内容です。それは、

① 高い専門性は、同種の案件に数多く携わることで蓄積が進む。専門性を高めより高度な専門家に育ってもらうためにも、いったん高い専門性に携わった専門家にはさらに案件を

積み重ねてもらい、経験を蓄積してもらうことが、社会的な要請である。そのため、案件の蓄積・専門性の集積が必要になる。

② 社会として専門分野に特化した「より高い専門性」に携わる専門家は一定数必要であり、「より高い専門性」に携わる専門家が育つ環境が整備される必要がある。こうした専門家が育ち専門家の数が増えることは産業の高度化や経済の成長にとり必要である。

③ 専門家には、それぞれ時間や能力の制約もあるので、「より高い専門性」を有する専門家は、一定の専門分野での専門家にはなるものの、一方で、世上数多く存在する定型的な業務は「やらなくなる」、そのため、「苦手になる」傾向があり、いわば、専門分野特化になる。

④ 高い専門性を必要とする案件は、小企業ではなかなか生じないので、全国的にみると案件の数は必ずしも多くはなく、中堅企業や大企業の存在する地に偏在する。

という特徴になります。

そして、外部専門家を活用する利用者からみると、

・「より高い専門性」をもつ外部専門家には半日程度で行き来したいものなので、片道2時間程度で到着したい

ということでしたから、地方創生の観点、つまり、「コア企業に該当する中堅企業が各地に存在することを目標とする」とすれば、

① 各地域から片道2時間程度に「より高い専門性」をもつ外部専門家が所在する都市環境が整備されてほしい

② 片道2時間程度で到着する「より高い専門性」をもつ外部
　専門家の所在する都市には、各種専門家がワンセットでそろ
　ってほしい

ということになります。

　大企業の集中が進んだ大都市圏は「より高い専門性」を求め
る案件の集積もあるので、こうした「より高い専門性」をもっ
た外部専門家が所在する「場」です。しかしながら、大都市圏
へ片道2時間程度で到着する地域は限られ、また、各地と大都
市圏とを「より高い専門性」を求めて往復するばかりでは、そ
もそも、地方創生にはなりません。中堅企業が各地域にとどま
るためには「より高い専門性」と片道2時間程度で交流できる
環境が必要ですが、「より高い専門性」は、専門性機能の集積
が可能な「場」がないと成立せず、一方で、専門性機能集積の
「場」は全国各地で数多く成り立つわけではないと理解する必
要があります。

　こうした「より高い専門性」をもった外部専門家へのニーズ
がコア企業の地域への期待です。このニーズが充足されないと
コア企業の大都市への移転の一つの要因となりかねません。

c　人事面のニーズ──従業員の生活環境

　また、人事面のニーズとして、新卒者であれ中途採用者であ
れ、地縁に関係なく多くの公募を得て、優秀な人材を採用し継
続雇用することをあげました。

　人事面で企業限りでは対応できない地域への期待とは、従業
員が満足する生活環境の確保を意味し、従業員が大都市居住と
は異なる自然環境を享受しつつ、日常生活が充実し、非日常の

都市環境も享受できるという生活環境でしょう。おおむね以下と想像できます。

① 発祥の地に存続する中堅企業であるので、都市部に居住する者だけでなく、農村部に居住して農業との兼業をする者なども従業員に迎え入れるものと想定し、本社から1時間程度の時間距離が半径数十kmに及び、都市部と農村部を含む広範囲の通勤圏をもつことが可能であること

② 従業員の消費・教育・文化娯楽生活が満足できる環境であること

③ 大企業を退職して就職する者が満足できる環境であること

④ 地縁のない新卒者が就職を考える環境であること

この4項目の生活環境とは、通勤・消費・余暇など日常生活が片道1時間程度の範囲で充実することと、教育・イベント・消費・余暇・文化などのうちの非日常に該当する部分が提供される都市環境の場が半日程度で往復（片道2時間程度）できる距離に存在することがその内容になるでしょう。

大都市圏では、内外のブランド品消費、スポーツや演劇の鑑賞、各種エンターテインメント、絵画や文化財の展示といった非日常の消費・余暇・文化活動の提供がなされ、ファッション産業・プロのスポーツ団体や音楽団体・博物館など学芸施設が存在し、これらが非日常の生活環境とそれを支える産業です。

ここでも、非日常の生活へのニーズの集積がないとこれらの産業が成り立たず、非日常の「場」は成立しないものです。非日常の「場」は地方創生のためには全国でいくつかほしいものの、やはり、全国各地で数多く成り立つわけではないと理解す

る必要があります。

d　地方中核都市の意義

　すると、これら事業上のニーズに応える「より高い専門性」をもった専門家の集積の「場」と、非日常の生活環境を支える産業の集積の「場」は、いずれも、全国各地に数多く成り立つわけではないが、集積が大都市圏だけでは地方創生にはならないとすれば、広義の地域ともいうべき半日往復圏（2時間交通圏）に「場」が誕生して機能の集積がなされることが必要です。

　その集積の「場」が地方中核都市であり、地方中核都市は地方創生に向けた存在になります。

　中堅企業の業務内容は小企業とは異なるため、求める従業員も、交流する外部専門家も小企業とは異なる。その結果として、業務内容が求める環境も、その従業員が求め企業にとって人材のリテンションにつながる非日常の生活環境も、狭義の地域（1時間交通圏）が提供する範囲では充足できない。そこで、これらが提供される「場」が片道2時間程度で到着できるいわば広義の地域に整備され存在してほしい、それが地方中核都市です。地方中核都市の整備成長が求められます。

(2)　交通・環境などインフラについての地域への期待

　地方中核都市が全国で一定数整備されるのであれば、全国すべての地域と全国いくつかの地方中核都市が片道2時間程度の時間距離となるよう交通インフラが整備されることが要請されます。

定型的な業務が1時間交通圏で充実し、非定型的な業務が半日交通圏（片道2時間程度）で充実し、大都市など各地への行き来が日帰り（片道4時間程度）で完結するという環境になれば、企業の事業上のニーズが本社を発祥の地にとどめたままで充足し、従業員は大都市圏居住とは異なる自然環境を享受しつつ、1時間交通圏で日常的な生活が充実し、非日常的な都市環境を半日交通圏（片道2時間程度）で享受できることになります。

　こうした非日常の「場」である地方中核都市が整備され、また、各地域から地方中核都市へ容易にアクセスできる環境は、
・事業面で地理的なハンディはおおむね解消される
・地域出身者が地域に残るかどうか考える際のアピールになる
・地縁のない他県出身者が就職を考える際のアピールになる
・大企業を退職して転入して就職する際のアピールになる
ものです。

　この交通と居住の環境はおおむね以下となるでしょう。

a　交通環境
　ア　定型的な業務での交通
・本社から1時間程度の時間距離が半径数十kmに及び、都市部と農村部を含む広範囲の通勤圏をもつことが可能であること
・取引先（下請企業など）、県庁・市役所・税務署など地元公的機関、定型的な取引関係の金融機関などへ1時間程度で訪問が可能であること
　イ　非定型的な業務での交通

・外部の専門家・共同研究のパートナーである研究機関など、定型的な業務での訪問ではないが、時に、ある程度の頻度での行き来することになる先へ半日程度で往復（片道2時間程度）可能であること

　ウ　国内の工場・営業所への出張での交通

・全国各地の工場や営業所へ日帰り出張（片道4間程度）が可能であること

　エ　東京・大阪といった大都市への交通

・取引先である大企業本社への営業活動での訪問などで大都市へ日帰り出張（片道4時間程度）が可能であること、また、各地からの来訪者も日帰り出張が可能であること

　オ　海外への出張での交通

・多くの就航地と便数を確保する国際空港へ2時間程度で到着できること

b　居住環境

① 従業員の消費・教育・文化娯楽生活が満足できる環境になること

② 大企業を退職して就職する者が満足できる環境になること

③ 地縁のない新卒者が就職を考える環境になること

(3)　総合戦略をみると

「総合戦略」では「地域間連携による魅力的な地域圏の形成」が項目としてあげられ、そこでは、「人口規模に応じて立地する可能性のあるサービス施設のイメージ（三大都市圏を除く）」として図表4－1の図が示されています。

図表4－1　人口規模に応じて立地する可能性のあるサービス施設のイメージ

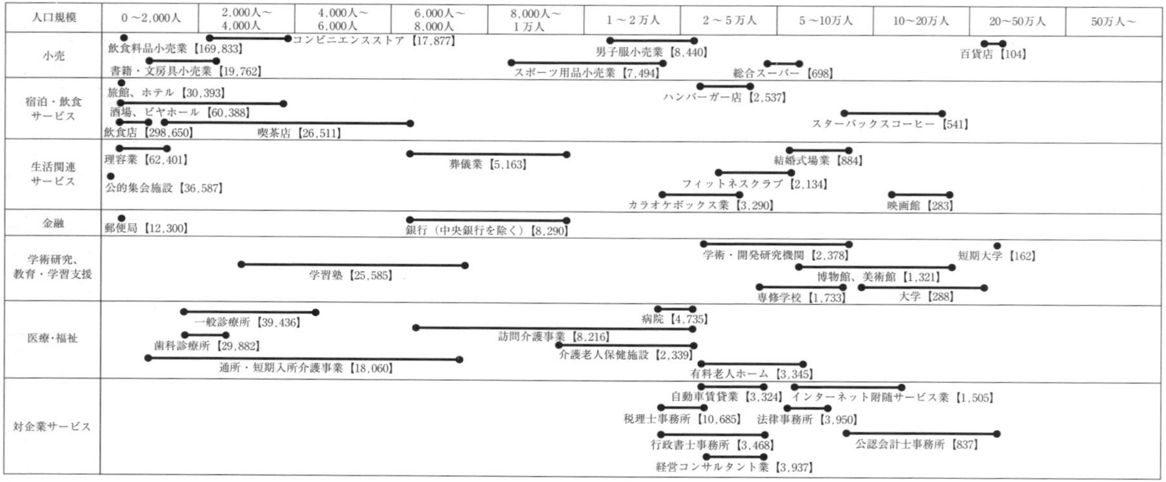

（資料）　総務省「平成26年経済センサス－基礎調査」、経済産業省「平成26年商業統計」、「全国学校総覧2016」、「国土数値情報」、「スターバックスホームページ」をもとに数値を算出のうえ、国土交通省国土政策局作成。
（注）　【　】内は全国（三大都市圏を除く）の施設数総数。
（出所）　内閣官房・内閣府総合サイト「地方創生」ホームページ「まち・ひと・しごと創生総合戦略」（2020改訂版）「第2期　まち・ひと・しごと創生総合戦略」

120

a 「定型的な業務」「日常の生活」と「非定型的な業務」「非日常の生活」

図表4－1をみると、たとえば「対企業サービス」では、法律事務所が人口5万人から10万人で立地し全国3,950所在、公認会計士事務所が人口10万人から20万人で立地し全国837所在、経営コンサルタントが人口2万人から5万人で立地し全国3,937所在となっています。また、「小売」では、百貨店が人口20万人から50万人で立地し全国104所在、旅館・ホテルが人口2,000人で立地し全国30,393所在となっています。

この人口10万人から20万人あるいは20万人から50万人とする人口分布や、全国104あるいは30,393とする所在数をみると、いずれも、「定型的な業務」「日常の生活」の範疇である狭義の地域（1時間交通圏）で充足される内容であり、多くは、「定型的な業務」における専門性、「日常の生活」の範疇の生活関連サービスを念頭に置いているようです。

しかしながら、先述のように、中堅企業が業務において求める専門家や、中堅企業従業員が非日常の生活に求める消費や文化の環境は、「定型的な業務」「日常の生活」とは異なる「非定型的な業務」「非日常の生活」というべきものなので、それは、人口10万人から20万人という人口規模では提供がむずかしいことはもちろん、なお狭義の地域というべき人口20万人から50万人でも提供はむずかしいところです。

「定型的な業務」や「日常の生活」が求める機能と「非定型的な業務」や「非日常の生活」が求める機能は異なり、その提供は、それぞれ、狭義の地域（1時間交通圏）と広義の地域（片

道2時間程度）でなされるとの理解で、両者の充実が必要です。

地方中核都市が各地から半日交通圏（片道2時間程度）に所在して非定型の業務と非日常の生活の場として整備成長し、全国すべての狭義の地域から半日交通圏（片道2時間程度）に所在するようになることに意味があるでしょう。

b　首都型の産業

それは、この地方中核都市が産業面でいわば「首都型の産業」の担い手となるということです。首都型の産業とは、昔であれば、放送・出版・古本屋といったところでしょうが、現在では、ファッション産業（ブティック）・大手弁護士事務所・公認会計士事務所・コンサルタントや金融業の拠点といったところでしょうか。また、生活面では、観劇・各種エンターテインメント・スポーツ観戦・大型の動植物園や博物館などが提供され、さらに、交通インフラの面では、多くの海外就航地をもつ空港も所在するというものです。

企業を「大企業・中小企業」という2分類でなく「大企業・中堅企業・小企業（零細企業）」に分類しましたが、都市についても「大都市・地方都市」という2分類でなく「大都市・地方中核都市・地方都市」に分類して、「地方中核都市」に「首都型の産業」の集積を図ることが、全国すべての地域の地方創生につながるでしょう。

・狭義の地域（県庁所在地など地方都市、各地域から片道1時間圏）……定型的な業務、日常の生活

・広義の地域（地方中核都市、各地域から片道2時間圏）……非定型的な業務、非日常の生活

・大都市圏（東京・大阪、各地域から片道4時間圏）……大企業
　所在地、中央官庁所在地

> ・狭義の地域（地方都市・県庁所在地など）が提供すべきも
> 　のと広義の地域（地方中核都市）が提供すべき機能は異
> 　なる
> ・地方中核都市は「首都型の産業」の担い手
> ・地方中核都市と地方都市のいずれも整備されるべき

⑷　九州では

a　地方中核都市としての福岡

　福岡市は九州の拠点として発展してきました。現在人口は
160万人を超えなお増加しています。大学が数多く所在し学生
人口が多いことも特徴の一つで、人口全体に占める学生の比率
では京都市に次いで第2位という教育の街でもあります。ま
た、福岡空港への国際線誘致がアジア路線中心ながら進み、国
際会議の開催は東京に次いで国内第2位と海外での認知度も向
上しています。

　近時は、大手の法律事務所の進出や外資系ホテルの進出も進
み地方中核都市の機能を高めています。

　他の地方中核都市でも機能充実が望まれます。

b　九州の交通事情

　一方九州全体の事情をみると、まず、1時間圏であるべき県
内交通の事情ですが、ふくおかフィナンシャルグループの十八

親和銀行が拠点とする長崎県を例にみると、長崎県の二大都市は県庁所在地の長崎市と佐世保市です。両都市間の距離は約80kmですが、高速道路を通行するバスでもJRでも約1時間30分を要します。佐世保市より北に位置する平戸市や松浦市へは佐世保市からさらに1時間以上を要します。関西では、京都・神戸（三ノ宮）間はJRで約75kmですが、所要時間は50分です。せめて、長崎・佐世保間で1時間を望みたいところです。

　また、九州各地の交通事情をみると、週末には九州各地から福岡を訪れる人が多く、かつて、鹿児島までの九州新幹線の開業前には、週末に九州各地から福岡へ来られる方々に対して、JR特急の愛称名から「つばめ族」「かもめ族」といった呼び方もされました。現在、福岡から九州各県の県庁所在地への所要時間は、熊本・鹿児島・大分・佐賀・長崎へはおおむね2時間以内ですが、宮崎へは、新幹線＋バスの地上交通では3時間以上を要し、飛行機利用も多くなっています。長崎・福岡（博多）間は約150kmで、高速バスでもJRでも所要時間は約2時間（2022年9月の長崎への新幹線開業前）です。長崎新幹線の早期全線開業が望まれますが、それだけでは十分ではありません。

　県内交通もなお不十分、県外への交通もなお不十分という地域は全国各地にあります。

中堅企業が地方にとどまるための交通インフラ
1．日常の生活や定型的な業務内容を充足できる時間距離
　1時間圏の充実
　　＝地方都市の充実、県内1時間

２．非日常の生活や非定型の業務を充足できる時間距離２

　　時間圏の充実

　　　＝地方中核都市の充実、地方中核都市へ２時間

　３．東京・大阪への４時間の時間距離

4　コア企業が地方に残るには⑵ ──企業の「独立」の維持

　次に、もう一つの中堅企業の地域創生の観点での課題である「独立の維持」を考えます。

⑴　独立の企業、大企業の子会社

　中堅企業が地方に残るためには、企業が独立の存在として存続することが必要です。

　中堅企業が創業の地を離れて大都市圏へ移転してしまう理由は、事業上のニーズが一つですが、もう一つは、M&A（売り）の結果、他社の傘下に入ることで当該企業が「独立」の存在ではなくなり、本社が当該買い手企業の本社所在地へ移転する、あるいは、登記上の本社移転には至らないまでも、本社機能の多くが買い手企業へ移転する事態になります。

　中堅企業のM&A（売り）では、買い手候補は国の内外の大企業や中堅企業で同業者または密接関連業種に属する企業と予想できますから（第２章⑥⑶）、買い手候補企業の本社が当該中堅企業と同一地域に所在するとは考えにくく、買い手企業の本

社は大都市所在が多いと予想できます。M&Aでは、買い手である大企業や中堅企業は、買収後の統合によるシナジー効果を目指すのですから、経営戦略を本社が決めることはもちろんとして、その他の総務人事から生産に至る一連の業務の統合を進めるものです。その結果、本社機能の多くは買い手の本社所在地へと移転することになります。こうして、M&A成立とともに、多くは、当該企業の本社は発祥の地を離れて買い手企業本社所在地である大都市へ移ることが予想できます。

「独立」の中堅企業は、経営戦略・総務人事・子会社管理・財務経理・研究開発・営業・生産といった、フルセットの本社機能を保有します。これに対し、大企業の子会社で地方に所在する企業も多いのですが、これら企業は、地域経済にとりありがたい存在ではあるものの、フルセットの本社機能を有するものではないので、やはり完全な地元企業ではないものです。M&A後の企業はこれと同様です。

地域経済としては、地方発祥の中堅企業には、できれば、「独立」の企業として存続してもらいたいところです。

地域においては本社機能を有するのは中堅企業と小企業ですから、中堅企業の「独立」維持は地域経済にとり大都市圏におけるよりも大きな意味をもつといえるでしょう。

(2) M&Aに至る原因

中堅企業が「独立」でなくなる原因であるM&A（売り）に至る原因を考えます。

それは、業況不振、事業上の経営戦略、中堅企業に特有の資

本面の課題の3種と考えます。

　まず、業況不振でのM&Aは、業況の不振が続いた場合に、他社の傘下に入ることや他社との提携に解決策を求めるものです。また、事業上の経営戦略でのM&Aは、業界の将来などを考え、自社の今後の進むべき方向として他社の傘下に入ることや他社との提携が「独立」よりも「企業の目的」に合致すると判断するものです。

　この業況不振や経営戦略を原因とするM&A（売り）を回避するには、業界の動向もあるものの、堅調な業況を維持して業界で有力な地位を継続して保有することが必要です。いずれにせよ、業況不振や経営戦略を原因とするM&A（売り）は中堅企業に限らず大企業でも生じます。

　これに対して、「中堅企業の事業承継」「中堅企業の株式分散」「上場企業の非上場化」「大企業の事業部門のカーブアウト」の4種のいずれかを内容とする「中堅企業の特有の資本面の課題」を原因とするM&Aは中堅企業に特有のものであり、独立を維持したうえでの解決策がないために生じるものです（第3章③）。

(3)　「独立」の維持のために

　業況不振や事業上の経営戦略を原因とするM&Aは、中堅企業に限らず大企業でも生じるものであり、やむをえないことも多いでしょう。これに対し、「中堅企業に特有の資本面の課題」についてはなんらかの解決策が必要です。第6章と第7章でこの解決策を検討します。

第 **5** 章

コア企業と地域金融機関

本書の表題は、「独立型出資構想と地域金融機関の役割——地方創生を支える『コア企業』の未来」です。前章までに、一定の業種に属する中堅企業である「コア企業」が、「地域の外から稼ぐ」「地域内経済循環」という地方創生の目標の担い手であること、また、地方中核都市に首都型の産業の集積が進むことと、各地域から地方中核都市が半日交通圏となるよう交通の整備がなされることがコア企業の地域での存続、ひいては地方創生につながることを述べました。

残る「地域金融機関の役割」について、前章の最後で述べた「中堅企業に特有の資本面の課題」への金融機関の取組みも関連して、リスクマネーなどを含めて、第8章と第9章で述べます。そこへ話を進めるため、ここでは、まず、地域金融機関の中堅企業との取引関係についてみていきます。

1 地域金融機関にとっての中堅企業との取引

(1) 中堅企業の金融機関取引

中堅企業は、本社のほか全国各地に営業所や工場を配置し、さらに、国の内外に子会社を有することがあるとしました。

現在でも各営業所や工場が完全にキャッシュレスで運営されることはないでしょうから、各営業所や工場もそれぞれ銀行口座を有して、本社との間で資金のやりとりがあるでしょう。とはいえ、その額は大きな額ではないものです。また、営業所や

工場が独自に資金の運用や調達を行うことはありません。国内子会社は、独自に資金の運用や調達を行う場合もありますが、親会社が、余剰資金を吸い上げ、必要資金は貸し出して、独自の財務機能をもたない場合もあります。海外子会社は、現地で独自に日系や所在国の金融機関から借入れを行っている場合もあるでしょうし、親会社からの借入れでまかない、独自の借入れには至らない場合もあるでしょう。

　結局、中堅企業の本社が担う財務活動は、企業本体のほかに内外の子会社をも管轄することも多く、金融機関としては本社との取引に意味があります。そのため、中堅企業が独立の存在として大都市圏に移転せずに本社が地域に残ることは、地域金融機関にとって大きな意味があります。

(2)　取引内容の想定

　中堅企業と金融機関との取引内容を想定してみます。

a　貸出（借入れ）など通常の金融機関取引

　金融機関の取引は、貸出（借入れ）、預金、為替、外国為替が主です。

　年商100億円・税引き後の利益率が3％から5％の企業では、借入残高は20億円から50億円と想定しました（第2章6(1)）。すると、金融機関からみると、主力取引の場合、貸出のシェアが30％から50％として、10億円から30億円の貸出残高になると想定できます。

　10億円から30億円の企業向けの貸出残高は、地域金融機関にとっては大口取引です。近時は思うような利鞘を確保できる貸

出は少なく、信用リスクの少ない企業向けの大口取引ではさら
に利鞘確保に悩むところです。また、かつては、預金を集める
ことが金融機関の利益につながりましたが、低金利・金余りの
近時は、預金を集めてもなかなか利益につながりません。それ
でも、10億円から30億円の貸出残高の取引先中堅企業は、貸出
残高の面でも、取引上の収益の面でも、取引先企業としての存
在感の面でも、全行的な観点で重要な取引先です。

b 株式保有

中堅企業には、上場企業も非上場企業もあるとしました。近
時、金融機関が上場企業株式を保有することは減っています
が、それでも、引き続き発行済株式の数％を保有して、上位の
株主となっている例もあります。非上場企業の株式保有はごく
まれです。

金融機関にとって、継続保有を求められる株式保有は、売却
益を見込めず配当利回り１％から２％の受取配当だけが利益な
ので、低金利で株主保有のコストが抑えられている近時はとも
かく、本来は低採算であり、加えて、BIS規制・リスクアセッ
ト・時価会計・コーポレートガバナンスコードなどの制約もあ
りむずかしいものです。株式保有のほとんどは企業からの要請
に応えたものであり、取引関係の維持や取引全体での採算確保
などを考慮したものです。

c 人材面

こうした取引関係を背景に、金融機関から取引先企業へ人材
派遣がなされる場合もあります。

上場企業に対して、金融機関出身者が社外取締役に就任する

ことがあるほか、役職員として就職することがあります。また、非上場企業に対しては、社外取締役の例は少ないものの、役職員として就職することがあります。

2 業況別の金融機関取引

中堅企業を企業の利益水準で区分して金融機関との取引状況を考えてみます。

(1) 高収益企業──無借金企業

10％以上の税引き後の利益率を長らく計上している企業はこの典型です。

高い利益を計上して利益の蓄積の結果である現預金も潤沢に確保して、大きな投資に際しても手元現預金か少額・短期の借入れでまかなうことができる企業です。無借金あるいは現預金が借入れを上回り実質無借金となる企業も多いものです。

元来、事業会社はできれば借入れをせず金融機関への依存は避けたいと思うものであり、それは、金融機関へのある種の忌避感からも生じるものです。高収益とこの心情が相まって、「金融機関へ期待していない」あるいは「金融機関には事業はわからない」といった思いが表面化する企業もあります。

貸出を主業務とする金融機関からみると、無借金企業は貸出による採算を期待できないほか、取引関係のネタがなくなることでもあり、株式保有など取引全体での採算確保を考慮した取

組みを正当化できなくなることにもつながります。

　こうした企業側と金融機関側の双方の事情もあって、「特段案件があるわけではないが、ある程度の頻度で面談し、面談を通じて企業の現状を金融機関なりに理解して、そのなかから案件のネタを探る」といった従来からの取引手法をとりにくく、関係が疎遠になりがちです。

(2)　標準収益企業

　第2章6(1)「財務」で想定した税引き後利益率が3％から5％を計上する企業です。年商100億円で借入残高20億円から50億円の企業は、おおむねこの分類になります。

a　借入れの少ない企業

　上記(1)に区分した高収益企業ではないものの、低成長が続くなか「投資は減価償却範囲内」「借入返済に注力」という経営が続き、また、売上げが伸びない結果新たな運転資金の需要もないので、借入れの返済が進み、借入額がごくわずかにまで減少した企業があります（年商100億円、税引き後利益率3％から5％ながら借入残高が20億円から50億円より少ない企業です）。そこでは、やはり、「金融機関へ期待していない」「金融機関には事業はわからない」との思いに至る企業もあるでしょう。

　金融機関からすると、代々（担当者の在籍期間（数年）を基準とした代々）、新規借入れなどの話題が生じずに借入れが減少しつつ時間が経過し、そのため金融機関自らの業務目標上の貢献を期待する先でもなくなって、結果として、関心から外れていく取引先となることも少なくないでしょう。「疎遠」という

ほどではないものの、「与信懸念がない先」であり、また、「このままいくと数年で無借金企業であろう」「何かネタはないものか」という思いはあるものの、それほど「大きなエネルギーを割く」ほどのことはない取引先となっていくこともあるものです。

b　なお借入れある企業

標準的な収益力ながら、投資実績や運転資金の事情などで、相応の借入残高があり一定の借替え需要が生じる企業もあります。

こうした企業は、貸出（借入れ）主体の話ができ、そのうえ、「与信懸念がない先」であるので、金融機関にとっては話しやすい取引先です。

とはいえ、大きな投資や事業展開を背景にした新規借入れの話には乏しいこともあり、「取引実績はあるものの、追加的な取引メリット（金融機関の業務目標に貢献する目玉になるネタ）は乏しい」と感じられる取引先となって、結果として、「話しやすい」「楽な」取引先であって、同時に「大きなエネルギーを割かずにすむ先」ということになり、事業をわかり、企業の課題や内実をどこまで承知しているかは疑問あるところです。

（3）　低収益企業

税引き後利益率が２％から３％を下回ることが多い企業です。収益力での借入返済はなかなか進まず、借替えも生じて、借入残高が減少する兆候がない企業です。

金融機関にとっては、ある程度の与信懸念も意識し、「借入

過大の懸念」や「業況面の懸念」を相応に有する取引先になります。そして、企業が金融機関に気を使っていることが感じられる取引先です。

となると、金融機関にとっては、「危機感をもつ」というほどではないものの、「与信管理」がいちばんの課題であり、企業に対しては「大きな額の資金を要する投資は業況が一定程度改善し借入残高が減少してからにしてほしい」と内心願うことになります。企業側も、それを承知して、合理化ほかの業況改善策への取組みが第一義と考えることにもなるでしょう。

(4) 業況不振企業

当然ながら赤字が続く企業もあります。

中堅企業は、貸出残高の面でも、取引上の収益の面でも、取引先企業としての存在感の面でも、全行的な観点で重要な取引先であり、また、地域の有力企業です。地域金融機関としては地域経済上の観点も生じて、業況不振とはいえ、単に「与信を圧縮する、担保の徴求に努める」といった与信保全の観点に立った行動だけではなく、「事業再生」に努めるべき企業です。そこでは、企業再生に向けた人材派遣を行うなどして、他行他社へ金融機関としての姿勢を示しつつ、業況や資金繰り把握といった対企業の作業を進めることに加え、他行の動向や取引先との関係の把握、また、場合によっては、いわゆるスポンサー候補の発掘など、外向けの行動も生じます。取引支店の枠を超えた取組みになります。

⑸ 大企業の子会社

　各地に大企業の子会社が存在します。そこには中堅企業と分類できる企業もあります。各地に所在する大企業の子会社には、本社機能を完全に有して独自に資金の運用調達を行う企業もあり、また、登記上の本社所在地が地方であったとしても、財務機能を含む本社機能は親会社所在地である大都市でなされる企業も、さらに、財務機能は親会社が担って当該地域所在子会社には財務機能はない企業もあります。

　独自に資金の運用調達を行う地域所在の大企業子会社は、独立の中堅企業と同様に、地域金融機関の取引先となりうるところですが、親会社との取引関係を背景に、メガバンクとの取引が主となっている企業も多く、地域金融機関が取引の中心となることはなかなかむずかしいのが現実です。

3　地域金融機関の中堅企業取引まとめ

⑴ 高収益企業、標準収益企業で「借入返済を進めた企業」

「高収益企業」や「標準収益ながら借入返済を進めてきた企業」は、

① 　上場であれ非上場であれ、「無借金あるいは借入僅少」である先が多い

② その結果、金融機関にとっては

・取引メリットが少ない

・取引上の話題に乏しい（＝提供できる商品が乏しい）

③ 本来、企業の存在感からしても、金融機関にとり業務運営上の中心になるべき先ではあるものの、「ネタ」をつかみにくい先となってしまいがち

④ 企業にはそれぞれ、経営課題はあるであろうが、

・なかなか表に出てこない

・経営課題があるとしても金融機関として取り組みうるテーマかはっきりしないと考えがち

⑤ 他行・他社（メガバンク・証券など）は提供できる商品やノウハウがあるのではないか不安もある

と感じられます。

その結果として、実質上関係が疎遠になっている取引先もあり、取引の進展はむずかしいものです。

(2) 標準収益水準で「借入れある企業」・低収益の企業

標準収益水準で「借入れある企業」や低収益の企業は、

① 話しやすい関係にある

ただし、現状は、

② 貸出（借入れ）が業務の中心であるものの、貸出（借入れ）の拡大は望みにくい

③ 貸出（借入れ）での取引拡大のためには、企業が「成熟を脱して業況好転に向かうこと」を望むが、その取組みに金融

機関がどのように関与できるか判然としない

といったところでしょうか。

　取引関係は親密で、金融機関なりに企業の事情を理解している取引先ですが、経営課題を理解し、それに取り組むまでに至っている企業は多くはないでしょう。

　金融機関は、「特段話題のない面談→雑談から企業の課題を探る→当該中堅企業を起点とした課題設定・仮説構築をする→金融面の業務につなげる」という手順が、本来、得手であり役割でしょうが、なかなか端緒がつかめず取組みは容易でないものです。

(3)　業況不振企業

　第1章で述べたように、中堅企業は「技術力や製品の特殊性などで相当の実力がある企業」「業界内では国の内外で有力企業」であり、M&A（売り）では「国の内外の大企業・中堅企業・プライベートエクイティファンドが候補」となる企業です。

　事業の存続が、「業界のため、地域のため、日本のため」と位置づけられることころです。そのため、業況不振に陥った場合には、「独立」を維持したまま、合理化策などによって自力で業況回復を図ることができれば格別、自力がむずかしいのであれば、企業の存続よりは事業の存続を第一義に考えて、企業の「独立」にこだわることなく、M&A手法を活用し、いわゆる「スポンサー企業」を導入して、スポンサー企業傘下で事業の再生を図ることも選択肢になります。

そのため、主力取引の金融機関としては、業況不振となった企業の見極めと企業との折衝、事業再生としての現状の把握、資金繰りや他行動向の注視、スポンサー企業の発掘・交渉（つまりM&Aの当事者となる）、倒産法手続や私的整理のための事業再生ADRなど諸制度の選択、法務・税務・会計などでの外部専門家の活用、場合により当局との折衝、全体としての資金事情をふまえたスケジュール管理などが生じ、これらの実務経験も要します。地域金融機関にとって頑張りどころであり、いずれをとっても高度の知見を要する業務です。

⑷ 取引関係全般

個々の取引事情はあるものの、金融機関、特に地域金融機関の中堅企業との取引関係を概括的に理解すると、やはり、借入れとその背景の企業の業況を基準とした「与信判断」が中心です。与信懸念のない「高収益企業」「標準収益企業で『借入返済を進めた企業』」は、与信懸念のないことと、低成長ゆえの無借金（あるいは借入僅少）からくる「取引ネタのなさ」のために「実のある取引関係構築」がむずかしく、また、「標準収益企業のうちの『なお借入れある企業』」と「低収益企業」は取引先として主に稼働するものの、貸出（借入れ）ではない他の業務に取引関係が進展しているかは疑問ということころでしょうか。

結果として、中堅企業との「取引ネタのなさ」「実のある取引関係構築の困難さ」が、第1章②「地域金融機関の役割」でみたように、金融機関の本業の不振や企業向けの取組みに乏し

いことにつながります。それは、第1章①「地方創生の現状」でみたように、「総合戦略」の「主な施策の方向性」において地方創生の主体となる企業向けの施策に乏しいことと平仄があうともいえるでしょう。

4 M&Aやプライベートエクイティなどの経験

　ここまで、貸出を中心にした中堅企業との金融機関の現状を述べ、中堅企業との取引内容が乏しい旨を述べましたが、それらは、いわゆる商業銀行業務です。一方で筆者は、商業銀行業務の経験のほかに、事業再生業務やプライベートエクイティ業務、M&Aアドバイザリー業務の経験をもつことができました。それらを通じ、商業銀行業務では得られないであろう以下の理解をもつに至りました。

a　企業にはそれぞれ課題がある

　事業再生を論じる必要がない「平時」にある企業であっても、当然ながら、各企業とも課題を抱えています。

　その課題とは、「社の内外に明示されているわけではない」「中期経営計画にあげられているわけではない」「社内で公式に取り上げられているわけではない」が、多くの役員・従業員の共通の認識になっているものです。

　たとえば、

① 　まずまずの利益水準を長年計上している（金融機関からみると「与信懸念はない」ことになります）が、創業以来の成長

期は過ぎて安定期に入り、10年以上にわたり売上げが伸び
ず、「名目成長率」並み（つまりゼロ）の業績の伸びになって
いる。創業以来のヒット商品は引き続き一定の市場評価を継
続して、利益を計上して無借金・純資産増加とはなったが、
新たな製品やサービスが育ったとは言いがたい。

② 取引先日系大企業の海外進出に伴い海外に製造拠点を設
け、過去20年間海外中心に成長してきた。ところが、今後
は、取引先日系大企業の海外からの再移転、場合によっては
事業からの撤退も懸念される。

③ 脱炭素・新エネルギー・製造方法の変革などの大きな社会
的要請や技術革新で、業界でも淘汰再編が進むことが予想で
きる。

④ デフレ（物価下落）への対応に慣れ、設備投資抑制や合理
化で利益を計上してきた。今後、デフレ解消（物価上昇）と
いう経済環境に転じた場合には従来の手法はとりえない。

⑤ 過去10年で従業員構成の高齢化が進んだ。新陳代謝促進が
課題であるが、企業の社会的地位が徐々に低下して新卒採用
市場での訴求力が下がっている。

⑥ 上場企業だが、市場改革においてプライム市場を選択する
ことでよいか疑問である。

いずれも、数年後の売上げや利益の数値を目標とする中期経
営計画とは異なる、過去10年間・20年間の構造的な問題を背景
にした、今後10年間・20年間を展望した課題ともいえ、喫緊の
取組みとも長期的取組みともいえるものです。

また、このような構造的な課題だけでなく、日々の業務につ

いても、

① SDGsやカーボンニュートラルといった今日的課題への取組み

② 製造ラインの短縮や製造機械の内製化など合理化策の進展状況

③ 海外子会社を含む月次決算の早期化への取組み

④ 海外子会社や本社での外国人の幹部登用の方針

といった内容もあるでしょう。

b 経営の方向性が明確な企業ばかりではない

上記 a の「明示されない課題がある」「潜在的な課題についての認識はあるが明確な取組みに至らない」という現象は少なくなく、そのなかには、企業の強みと将来像が明確にならないことが背景かと感じられることもあるものです。

中堅企業なので大企業とは異なり多くの事業部門を有するわけではないものの、それでも、相互に関連性のない事業や製品が数多く維持されている、また、かつて業容拡大に伴い各地に建設した工場が現在では非効率な小規模工場と位置づけられるものとなっている、といった創業から成長期の推移を引きずる課題もあるでしょう。さらには、将来像を構築するほどの後継経営者候補が社内に見当たらないという本来的な事業承継の問題もあるでしょう。

上場大企業では、株主の圧力もあって、近時はこうした課題の明示や取組みが強調されますが、中堅企業でも、株主主権かどうかは別として、経営の明確化は必要です。そして、中堅企業の役職員にはこうした明確化を促す発言をする者が乏しいよ

うにも感じられます。

c 「他行・他社」も同様ではないか

　筆者の経験は、地方所在の中堅企業が主であり、大都市の大企業との取引事情は詳しくは承知しませんが、地方所在の中堅企業に対して、メガバンクや大手証券である「他行・他社」から、

① 　上記 a のような企業の課題に応える内容であれ、あるいは、もっと直接的な資金に関する内容であれ、「われわれでは想像できない変わった話は特段ないようだ」という感

と、

② 「M&Aではかなり多くの企業に対して案件紹介がある」という感

の両方をもちます。

　ただし、メガバンクや大手証券である「他行・他社」金融機関からのM&A案件の持ち込みといっても、それは、地方所在の当該中堅企業の事情を取組みの「起点」として考えられたものではなく、大都市所在の他の事業法人でM&A案件が生じて「他行・他社」金融機関の取組みが始まり、その案件処理の候補先に当該中堅企業があがったということのようです。多くの大企業取引先を有し、海外での業務拡大を志向して収益要請も大きなメガバンクや大手証券にとって、地方所在の中堅企業は、案件ベースの関係の対象にはなっても、当該中堅企業の事情を起点とした取引関係の構築に経営資源を割く先でもないようです。

　そのため、高収益の中堅企業が「金融機関に期待していな

い」ことはありうるとして、それは地域金融機関に対してだけでなく、全金融機関に対して同様に思っているようです。

また、「他社・他行からも特段変わった話はなさそうだ」ということは、地域金融機関として「『提供する商品に違いがあるのではないか』という懸念をもつ必要はない」という理解につながります。「他行・他社」は「当該中堅企業を起点とした取引関係」に関心はないようですから、「面談」や「雑談」（天気やゴルフの話ではありませんが）を端緒とする継続的な関係から企業の課題に関する仮説を構築することには大きな意味があると感じます。

d 事業の理解はむずかしい

M&Aアドバイザリー業務や事業再生、プライベートエクイティ業務で入手できる企業の情報は、商業銀行の貸出業務で入手できる内容とは明らかに異なり、企業を深く理解することにつながります。しかしながら、それでも、事業内容をプロパーの役員や従業員と同等に理解することはむずかしいものです。

事業の理解とは、たとえば

① 先にあげた製造ラインの短縮や製造機械の内製化による合理化に関してであれば、機械の性能上の制約や工具の工夫を理解できる

② 業界や製品の将来を見込むため、技術面のブレークスルーや競合他社がもつ技術、その先の企業間や研究機関との提携関係について読みが働く

③ そのうえで、毎年の合理化努力や提携の成果について数値化の見通しがつき経営計画への反映について読みが働く

といったことなのでしょう。

　企業の本来の取組みである「新製品の開発」「新規事業の構築」、その背景の「企業の体質改善」などは、いずれも金融機関（あるいは「外部専門家」すべて）では理解がむずかしく、さらに「方向を示す」といったことができるかは疑問であることは間違いありません。

　2014年に、金融庁から「地域金融機関による事業性評価について」という指針が出され、そこでは、事業性評価に基づく融資等が求められ、「金融機関は、財務データや担保・保証に必要以上に依存することなく、借り手企業の事業の内容や成長可能性などを適切に評価し（「事業性評価」）、融資や助言を行い、企業や産業の成長を支援していくことが求められる」とし、「金融機関の経営姿勢、企業の事業性評価への取組み、企業に対し現実にいかなる対応を行っているか等につき、検証を行っていく」とされました。

　中堅企業においては、事業性評価はむずかしいテーマです。

　一方で、中堅企業で、プライベートエクイティやM&Aの業務を介して、概括的な経営状況や経営方針を議論する際に、こうした事業理解のむずかしさが支障となると感じることもあります。金融機関が、M&Aや中堅企業に特有の資本面の課題のほかにも、企業の経営周りの事項に関与できるのではないかと思うゆえんです。

e　「金の絡む話」が金融機関にはとっつきやすい

　事業の理解がむずかしいとはいっても、現実にM&A案件は生じて金融機関が助言も行って成約しており、また、M&Aが

企業の経営のなかで重要な位置を占めることも間違いありません。

　また、上場企業における東証の市場改革に伴う市場選択の悩みや非上場化の動き、非上場企業での株式分散の悩みなど、第3章③「中堅企業に特有の資本面の課題」で述べた事項は重要な経営判断事項であり現実の話題にものぼるものです。

　このM＆Aや資本面の課題は、いずれも、「金の絡む」話であって、製造・販売・研究開発といった事項とは異なり、金融機関にはとっつきやすい内容であって、かつ、企業の将来に影響する経営課題でもあるという性格があります。

　やはり、「金の絡む話」であって経営周りでもある事項が金融機関にはとっつきやすく、「金の絡む話」を端緒に、他の課題にも話を進める足がかりにすることは取引深耕策と思います。

f　金融機関は相応の信頼を得ている

　本章②(1)で、「金融機関へ期待していない」「金融機関には事業はわからない」といった思いをもつ企業があると述べたことと裏腹ではありますが、金融機関は多くの企業から相応の信頼を得ているようにも感じます。経営に絡む内容がなかなか話されないことも間違いないところですが、一方で、経営に絡む内容を話すのは取引関係のある金融機関となることも間違いないでしょう。これは、長年かけて金融機関の諸先輩方々が築いてきた信頼の賜物です。

g　株の保有を背景にした関係が有用である

　事業再生業務、プライベートエクイティ業務、M＆Aアドバ

イザリー業務で得られる企業理解は商業銀行の業務では得られる内容とは異なると述べました。こうした企業理解が得られるのは、これらの業務がいずれも「意味ある株式保有」を背景にするからではないかと思います。100%出資を得るプライベートエクイティ業務が株式保有を背景とすることはもちろんですが、事業再生業務やM&Aアドバイザリー業務も株の移動（経営権の移動）を念頭に置いたものであり、いずれも「意味ある株式保有」が背景にあります。金融機関が株式を保有するとしても、商業銀行業務で政策保有株式として数％株式を保有する程度では、「貸出債権者として入手できる情報」を超えるものはなかなかつかめないものです。

h　事業再生の経験は生きる

　事業再生業務はすでに20年程度の歴史があり、その間、事業再生業務を通じて、金融機関は企業の実情を理解し非常時の経営に影響を与えてきました。

　中堅企業に向けた事業再生業務は、本章③(3)で述べたように、経営への関与、M&A、外部専門家の活用、諸制度を活用した案件の組み立てという内容ですから、「後ろ向きの業務」「与信保全の業務」といった枠を超えた「前向きの業務」であって、いわば「地域金融機関型の投資銀行業務」ともいえる業務です。そこで、この事業再生業務の経験は平時の企業との金融取引でも大きく生きるものと考えます。

i　金融機関のサービスの違いはある

　金融機関としてメガバンクや大手証券会社との関係で商品の差異を懸念する必要はないと考える旨をお話ししましたが、各

金融機関の間で提供できる「サービスの違い・サービスのレベルの違い」があることは明らかです。そして、違いをつくる要因は、規制の有無の問題もさることながら、これまでの業務の蓄積や顧客との取組み姿勢の反映であって、その背景である金融機関の組織や風土といったソフト面にあるように思います。

5 中堅企業取引の意義

地域金融機関にとっての中堅企業との取引の意義を整理します。

(1) 「独立」の経営で本社機能の地域での存続

金融機関は企業の本社との取引に意味があり、中堅企業が「独立」の企業として地域に本社を置き存続することが重要です。中堅企業が「独立」を維持し地域に存続することは地域金融機関の願いです。

(2) 貸出（借入れ）業務

標準的な収益力の中堅企業は、年商100億円であれば30億円から50億円の借入残高があり、主力取引であれば10億円から30億円の貸出を予想できる、地域金融機関としては主要取引先です。

そして、企業の展開によっては、年商の20％から30％となる大きな金額の投資も予想できます。年商100億円の企業では、

20億円から30億円の資金調達需要になります。

　大きな投資は、中堅企業本体による国内での設備投資だけでなく、国内子会社での投資、国内でのM&A（買い）、海外への単独での進出、海外でのM&A（買い）といったかたちで生じることもありえます。資金調達の形態は、当該企業の経営状況や案件の特質により、中堅企業本体での従来型の借入れのほか、数十億円のシンジケート・ローン組成、メザニン組入れ、海外向けのローンといった形態もありえます。

　このように、中堅企業では、相応の金額の貸出案件を期待できますが、そこでは、小企業と同様の従来型の貸出（借入れ）とは異なる、大企業向けと同種の対応が求められ、金融機関として相応の体制構築も必要です。大きな投資・大きな調達が、ある程度の頻度で生じることが金融機関にとって業務上のチャンスになる一方、企業の多様な調達への対応力が必要になります。

　中堅企業では、毎年大きな投資・大きな調達が生じるとは予想できないとはいえ、中堅企業が数十社と実のある取引関係となれば、毎年、いずれかの企業でなんらかの案件が生じるでしょう。

(3)　M&Aなどその他業務

　地域金融機関がM&Aアドバイザリー業務や各種コンサルティング業務を始めて10年以上になります。この業務の過程で以下を学びました。

a　経験の蓄積が重要

　従来からの商業銀行業務とは異なるこれら業務では経験の蓄積が重要であること。事業再生であれ、M&Aであれ、プライベートエクイティ関連業務であれ、最初の1件目への取組みは成約への道のりも不確かなものですが、それでも、最初の1件での経験で、手順も論点も経営への関与度合いも相応の理解ができて、次の案件に活用できるものです。これら業務は、案件ごとに千差万別であり「同じ案件」はないものですが、経験の蓄積により、案件のなかで「ありそうなこと」「論点となりそうなこと」の見通しをもつことができ、「案件の難易度」や「成約への道筋」も見通すようになるものです。

　そして、経験の蓄積は、

　ア　企業へ実績として紹介でき営業活動で有効である

　業界知識や企業の実情については企業に及ばないなかで、営業活動上、「他社事例」「自らの実績（トラックレコード）」紹介は有効なものです。

　イ　経営資源開拓になる

　経験が自らの自信となり、別の業務へ進むうえでも糧となって、経営資源の開拓につながる。

　以上のような効果をもたらします。

b　外部専門家との提携の経験になる

　また、これら業務は金融機関が単独で遂行可能なものではなく、弁護士・公認会計士・コンサルタント・証券会社などとの提携を必要とします。この提携のなかで、外部専門家の活動内容と活用方法を承知することになり、他の業務での提携にもつ

ながります。

c　中堅企業との取引で

　中堅企業は大企業と同種の経営課題を有して、案件規模は小さいながら大企業の同性質の案件が生じます。M&Aであれば、「相手は海外を含む10社程度が候補」「M&AらしいM&Aの手順を踏む」「案件発掘が主業務ではない」というように、「県内での事業承継候補同士のマッチング」「M&A法務でもめることは少ない」「案件発掘が主業務」という小企業のM&Aとはかなり性格が異なるものです。他の業務も同様であり、中堅企業では大企業向けと同種の対応が求められます。そのため、金融機関としては本格的な取組みが必要であり、相応の体制構築をも要するという認識になります。

　結局、貸出業務であれM&Aなどその他業務であれ、相応の体制構築が必要です。

⑷　資本面の課題への取組み

　第3章③であげた「事業承継」「株式分散」「上場企業の非上場化」「大企業の事業部門のカーブアウト」という「中堅企業に特有の資本面の課題」は、多くの中堅企業にとって現実の課題であり、また、「独立」を維持しつつ解決する方法がなかなか見出せない状況にあります。

　そして、地域金融機関にとっては、この解決に関与できるのであれば、

・企業の経営を左右する株式の行方や企業の独立の維持への関与となる

152

・リスクマネーの供給として金融機関として新たな機能の拡大になる

・「中堅企業に特有の資本面の課題」への取組み自体が新たな金融機関の業務となるだけでなく、実のある取引関係構築の大きなきっかけにもなって、その後の業務進展につながる

・中堅企業の独立維持という地方創生の観点での貢献にも大きな意味がある

という地域金融機関の機能にもかかわります。

　小企業においては事業承継が全国的な課題であり、税務対策・社内での後継者への承継・M&Aなど金融機関でも数多くの取組みがなされていますが、中堅企業においてはこの資本面の課題は、地域金融機関の経営にも意味がある大きな取組みのテーマになるでしょう。

第 **6** 章

コア企業の「独立」
──従来の手法

1 前章までのまとめ

　第1章では、地方創生の現状について論じ、「地域の外から稼ぐ」「地域内経済循環」という地方創生の目標の担い手となる企業は「コア企業」と呼ぶべき一定の業種に属する中堅企業であるとし、コア企業が「独立」で地域に存続することは地方創生の鍵であるとしました。

　第2章から第4章では、このコア企業を念頭に中堅企業について述べ、中堅企業には以下三つの特徴をみました。

① 　大企業と同質の事業上のニーズがあること

② 　中堅企業に特有の資本面の課題を抱えること

③ 　企業の理念保持のため「独立」維持を求めること

　この特徴から生じる企業のニーズが地域において充足されることで中堅企業は大都市圏に移転せずに地域に存続することを述べました。

　このうち、①事業上のニーズは業務上のニーズと従業員の生活環境を含む人事面のニーズからなり、中堅企業のニーズを充足して地方創生の実を確保するには、地方中核都市に「首都型の産業」が整備され、中堅企業の所在地である各地域と地方中核都市の間での交通が整備されることが重要であることを述べました。

　そこで、コア企業の地域での存続のために、「中堅企業に特有の資本面の課題」を「独立」を維持するかたちで解決することが課題として残ります。

本章と第7章では、この「中堅企業に特有の資本面の課題」を「独立」を維持するかたちで解決することについて述べます。

　中堅企業が地域にとどまるための一つの要因である事業上のニーズに応える地方中核都市の整備と交通インフラの整備には公的部門の活動が必要になるのに対し、「中堅企業に特有の資本面の課題」を「独立」を維持するかたちで解決することは金融機関を中心とした民間の取組みでなされる面が大きいものです。

2　「コア企業に該当する中堅企業に特有の資本面の課題」の「独立」維持での解決

(1)　ステークホルダーによる株式長期保有

　第3章で、「中堅企業に特有の資本面の課題」が「独立」を維持するかたちで解決される方法の一つとして、「一部出資・一部借入れによる資金で株式を譲受け（ステークホルダーによる株式長期保有）」の構想をお示しし、この構想に合致した「中堅企業に特有の資本面の課題でのリスクマネー」の供給の可否が鍵であるとしました（第3章③、④）。

　そして、このリスクマネー供給はおおむね出資のかたちでなされますが、出資は以下の性格であることもお示ししました。

①　成熟期の企業での資本入替え資金であることを前提に、

②　長期保有を前提

③　自社株買いは想定せず

④　配当は可能

(2)　リスクマネーの性格

　さらにこの構想では、「企業の目的を達成する体制」「社会的存在であることを認識する体制」「会社らしい会社経営の体制」といったガバナンスの構築も目標になりますから、以下も検討事項に加わります。

a　利回り

　「中堅企業に特有の資本面の課題のためのリスクマネー」では、対象企業が成長産業に属する成長企業とは位置づけられない場合が多く、また、成長のための資金ではないので、「成長に向けた投資のためのリスクマネー」と同程度の高い利回りは期待できないことを認識する必要がある。それでも、リスクマネーではあるので相応の利回りが求められるが、どの程度の利回りを期待すべきか、また期待できるか。

b　金　額

　出資として求められる金額はどの程度か。また、だれがどの程度の金額を供給可能か。

c　リスクマネー受入れ後の企業の体制

　リスクマネーの供給を受けた企業は、受入れ後には、どのような経営体制をとるべきか。「利益確保と競争力維持」「会社らしい会社経営」「企業が社会的存在であることの認識」という企業の姿に合致する経営体制の構築につながるか。

d 取り上げる「従来の手法」

この構想は第7章で詳しく述べますが、本章では、その前に「従来の手法」を吟味することとし、以下の従来の手法や制度を、この「中堅企業に特有の資本面の課題」を「独立」を維持するかたちで解決する観点で評価します。従来の手法や制度の仕組みを評価するほかに、第2章で想定した中堅企業の財務状況をもとにシミュレーションを行い、どのような展開が想定できるかも検討します。以下が取り上げる手法や制度です。

① プライベートエクイティファンド

② Debt MBO

③ 中小企業投資育成

④ 上場

⑤ 金融機関の投資専門子会社

3 プライベートエクイティファンド

(1) プライベートエクイティファンドの仕組み

プライベートエクイティファンド（以下「PE」）が登場して20年ほどになります。

PEは、複数の投資家から集めた資金で投資ファンド（投資事業有限責任組合などの形式による）を組成し、運営会社がファンドマネージャーとなって運用を行い、企業の株式などに投資します。企業の株式に投資する場合には、株式の過半（多くは全

株）を取得して企業の経営に関与し、企業価値を高めた後に、株式上場後の市場売却や相対での株式譲渡によって出口を求め、売却益の確保を目指すものです。

投資期間中には、営業面の施策や各種の合理化策によって利益向上に努めるほか、追加的なM&A（買い）（ロールアップ）やノンコア事業の売却（M&A（売り））を行うといった、投資前の単独の企業ではなかなか行うことのなかった施策を実施する場合もあります。

以下PEの概要です。

a　企業への投資の種類

ア　バイアウト（Buy Out）投資

創業から間もない企業への投資であるベンチャー投資とは異なり、すでに創業から年月を経た事業が軌道に乗っている企業への投資が中心です。株式の過半を取得して経営権を獲得し、経営に参画して企業価値の向上を目指します。

イ　事業再生投資・ディストレス投資

経営不振や破綻した企業の発行する株式や債権を買い取ります。事業再生に取り組み、経営を立て直して、企業価値の向上を目指し、株式や債権の売却やリファイナンスを目指します。

b　運営会社の種類

国の内外から参入があり、外資系・国内独立系・国内金融機関系・国内事業会社系の運営会社があります。さらには、官と民が出資した官民ファンド運営会社などもあります。

c　ファンド（投資事業有限責任組合など）への資金の出し手

国内外の金融機関・年金基金・事業会社などです。

d 運用期間

多くは投資実行後3年から5年で投資回収（「出口」）に至ります。

e 高い投資利回り

PE投資で求める運用利回りは相当に高く、数十％のIRR（内部収益率）を目標とするPEもあります。

(2) PEの特徴

このPEの仕組みから、いくつかの特徴が生じます（図表6－1）。

a ファンド運営会社

「投資案件を発掘」し、「投資を実行」して、「経営権を確保」して「企業価値の向上」を図り、「出口を求めて売却益を確保」するという一連の業務を、3年から5年という投資期間内に行い、投資家へ向けたパフォーマンスをあげることは、常に相当に手間暇がかかりエネルギーを要します。そのため、運営会社は、相応の経験と能力をもった人材を確保する必要があ

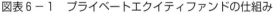

図表6－1　プライベートエクイティファンドの仕組み

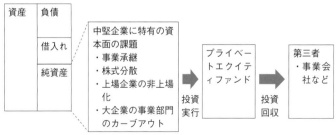

ります。

　また、投資家から資金を集める際には、高いパフォーマンスの期待を得ており、PEとしてはそれに応える必要があります。そこで、運営会社の案件担当者が「1人で数多くの投資案件を抱えることはむずかしい」「案件の規模によって必要となる人材の数も比例して増加する」、一方で、「小さな案件だからといってエネルギーを割かずにすむことはない」「小さな案件でも担当する人数は相応に必要になる」ということでもあるので、一つのPEが数多くの案件に投資することはできず、PEが集めた資金の総額、人件費などPEの費用、目標とするパフォーマンスなどの兼ね合いで、PEの投資対象となる企業には一定の規模が必要になります。

b　PEの利益の源泉

　PEが高い投資利回りを求めるとして、利益の源泉は「企業価値（事業価値）の向上（投資対象企業の利益やキャッシュ・フローの向上）」だけではありません。

　　　　「株式価値＝企業（事業）価値－借入れ」
という関係で株式価値がとらえられていることを背景に、投資実行時には、ファンドによる出資に加えて借入れをもって購入資金を調達して、投資対象企業の利益などで借入返済を進めることで株式価値の向上を図ることもなされます。

c　投資対象の基準

　これらから、PEによる投資の対象候補となる企業の基準が導かれます。

①　創業から年月を経た軌道に乗った事業であること

② 潜在的な利益向上の余地が見込めること（企業価値の向上余地）

③ 投資時に金融機関の理解を得て一定の借入調達ができること（借入活用可能性）

④ 上場での市場売却や相対での株式譲渡など「出口」を見込みうる企業内容であること

⑤ PEにとって取り組みうる投資金額となる企業規模であること

(3) 投資案件の対象

この投資対象の基準から「中堅企業に特有の資本面の課題」を抱える中堅企業はバイアウト投資案件の対象になりうると理解できます。

a 事業承継

企業の創業者などオーナーが高齢となり、後継者が不在の場合、PEからみると、「①創業から年月を経た軌道に乗った事業」などの上記の基準に該当する対象もあるでしょう。

そして、既存株主からみると、事業承継を考え株式を譲渡する意向ではあるものの、事業会社（多くは同業の競合先になる）への譲渡は避けたいと考えている場合に、PEは譲渡の候補先になります。

b 大企業の事業部門のカーブアウト

上場企業では近時ROEが重視され、ROEの改善はコーポレートガバナンスの強化と結びつけて論じられて経営方針に盛り込まれる場合が多いものです。この経営方針は、ノンコアと位置

づけられROEなど所定の経営指標を充足しない事業や子会社のカーブアウト（事業や子会社の譲渡）につながっています。

PEからみると、大企業のカーブアウト対象企業（事業）の多くは「①創業から年月を経た軌道に乗った事業」や、「⑤PEにとって取り組みうる投資金額となる企業規模であること」などの上記の基準に該当するでしょう。

そして、カーブアウトの対象となった事業や子会社の役員・従業員には、「事業会社（多くは競合先）への譲渡は避けてほしい」との思いが生じることは通例であり、大企業から独立した経営体制に移行する方法としてPEへの譲渡が選択される可能性があります。

年商数千億円の事業が対象となることもあり、大企業のカーブアウトは、大規模案件につながります。

「中堅企業の株式分散」や「上場企業の非上場化」でも同様に、PEは取組み上の候補になります。

⑷　**株式価値の評価**

投資時や出口での株式譲渡価額の背景になる株式評価の考え方を簡単に記載します。

ａ　前　　提

第2章⑥⑴「財務」で、「税引き後利益率3％から5％、売上高・総資産をともに100億円」という企業を標準的な収益力の中堅企業としてイメージしました。そこでは、財務数値と貸借対照表を図表6－2のようなものとしました。

ここで、企業評価の説明のため、さらに想定を重ねます。

図表6－2　イメージする中堅企業

イメージする中堅企業	
年商（売上高）	100億円
税引き後利益	3億円～5億円
配当（配当性向30%）	1億円～1.5億円
資産規模（総資産）	100億円
純資産	20億円～50億円
借入れ（有利子負債）	20億円～50億円

資産 100億円	負債30億円
	借入れ 20億円
	純資産 50億円

資産 100億円	負債30億円
	借入れ 50億円
	純資産 20億円

　ア　純資産・借入れを想定

　純資産を20億円から50億円、有利子負債を20億円から50億円
としました。高い利益率をあげる企業の純資産比率は高く有利
子負債も少ないでしょうから、以下では、

・税引き後利益率3%（利益額3億円）の企業は純資産20億円、
　有利子負債50億円

・税引き後利益率5%（利益額5億円）の企業は純資産50億円、
　有利子負債20億円

とします。

イ　減価償却・投資を想定

また、製造業を念頭に置くとしました。想定を重ね、固定資産構成比率（固定資産の総資産に対する比率）を40％程度とし、減価償却対象資産は固定資産から土地などの減価償却対象外の資産を除いたものなので、総資産の30％から35％とします。総資産を100億円としましたから、減価償却対象資産は30億円から35億円です。資産には建物や機械があって償却期間は資産によりまちまちでしょうが、全体では6年から7年とすると、年間の償却額は約5億円となります。償却額を5億円とします。また、年間の投資額を減価償却額と同額とします。

ウ　EBITDAを想定

経常利益は税引き後利益に税率（30％）を調整した金額、営業利益は経常利益に金利を調整した金額（利率1％とする）とします。

企業評価で用いるEBITDA（Earnings before Interest, Taxes, Depreciation, and Amortization：金利・税金・償却前利益）は営業利益に減価償却を加えた数値が近似値ですが、この想定した減価償却額を加えて、

・税引き後利益率3％（利益額3億円）の企業はEBITDA9.8億円

・税引き後利益率5％（利益額5億円）の企業はEBITDA12.6億円

となります（図表6-3）。

b　企業評価の方法（EBITDA倍率）

M&Aでの対象企業の企業（事業）価値や株式価値にはいく

166

図表 6 - 3　EBITDA

イメージする税引き後利益率 3 ％の企業	
年商（売上高）	100億円
資産規模（総資産）	100億円
税引き後利益	3 億円
経常利益	4.3億円
営業利益	4.8億円
減価償却額	5 億円
EBITDA	9.8億円
純資産	20億円
借入れ（有利子負債）	50億円

〈税引き後利益率 3 ％の企業〉

資産 100億円	負債30億円
	借入れ 50億円
	純資産 20億円

イメージする税引き後利益率 5 ％の企業	
年商（売上高）	100億円
資産規模（総資産）	100億円
税引き後利益	5 億円
経常利益	7.1億円
営業利益	7.6億円
減価償却額	5 億円
EBITDA	12.6億円
純資産	50億円
借入れ（有利子負債）	20億円

〈税引き後利益率 5 ％の企業〉

資産 100億円	負債30億円
	借入れ 20億円
	純資産 50億円

つかの方法があるとされています。

　ここでは、マーケットアプローチ（マルチプル法）の一種であるEBITDA倍率で議論を進めます。

　EBITDA倍数を企業（事業）価値として、そこから有利子負債額を差し引いて株式価値とするものです。

c　EBITDA倍率での評価

　ここでは、EBITDAの7倍から10倍を企業（事業）評価とします。

　なお、一般社団法人日本プライベートエクイティ協会のホームページ（2022年1月5日現在）では、事業価値30億円から250億円の案件での譲渡価額のEBITDA倍率は中間値で7.8倍とされています（図表6−4）。

図表6−4　EBITDA倍率

Median EV/EBITDA, 2013-2020

（出所）「日本におけるプライベート・エクイティ市場の概観」「（図8）日本のPE案件に支払われたEBITDAマルチプル」

図表6-5　EBITDA倍率での評価（税引き後利益3％の企業）

税引き後利益	3億円
営業利益	4.8億円
減価償却	5億円
EBITDA	9.8億円
企業（事業）評価：EBITDAの7倍	68億円
企業（事業）評価：EBITDAの10倍	98億円
株式価値（企業（事業）評価－有利子負債） （有利子負債50億円・純資産20億円）	18億円～48億円

　ア　税引き後利益率3％の企業

　税引き後利益率3％の企業では、図表6-5になります。

　企業（事業）価値評価額が68億円から98億円となり、有利子負債50億円を差し引いて、株式価値は18億円から48億円というレンジになりました。そこで、以後、企業（価値）70億円、株式価値20億円として議論します。純資産が20億円ですから、純資産と同額を株式価値とするものです。

　イ　税引き後利益率5％の企業

　税引き後利益率5％の企業では、図表6-6になります。

　企業（事業）価値評価額が88億円から126億円となり、有利子負債20億円を差し引いて、株式価値は68億円から106億円というレンジになります。そこで、以後、企業（価値）90億円、株式価値70億円として議論します。純資産が50億円ですから、20億円ののれんが計上される金額です。

図表6-6　EBITDA倍率での評価（税引き後利益5％の企業）

税引き後利益	5億円
営業利益	7.6億円
減価償却	5億円
EBITDA	12.6億円
企業（事業）評価：EBITDAの7倍	88億円
企業（事業）評価：EBITDAの10倍	126億円
株式価値（企業（事業）評価－有利子負債） （有利子負債20億円・純資産50億円）	68億円〜106億円

⑸　税引き後利益率3％企業のシミュレーション①

　上記⑷の企業評価や想定をもとに、PE投資についてシミュレーションを行います。

a　前　提

　ア　PEの譲受け形態

　税引き後利益率3％の企業として

・「総資産100億円、純資産20億円、有利子負債50億円」の貸借対照表を想定し、

・「企業（事業）価値70億円、株式価値20億円」と評価としました。この企業を、

・「出資20億円、借入れ50億円」の資金調達でPEは譲り受け、

・「純資産20億円、有利子負債50億円」でスタートする

ものを想定します（図表6-7）。

　イ　業況の想定

図表 6－7　PEの譲受け形態

〈PE投資前の対象企業〉　　　　　　　〈PE投資後の対象企業〉

資産 100億円	負債30億円
	借入れ 50億円
	純資産 20億円 （既存株主）

資産 100億円	負債30億円
	借入れ 50億円
	純資産 20億円 （PE出資）

・売上高：100億円

・税引き後売上高利益率：3％

・有利子負債金利：1％

・第2期以降、借入減少に伴う金利負担減少分の利益向上

・減価償却と同額の投資を毎期実施し、毎期税引き後利益同額
　を借入返済

　　ウ　PEの出口

・投資期間（5年と想定）中は配当なし

・5年後に株式を売却し株式売却益を獲得

b　業況が横ばいの場合（シミュレーション1）

　以上の想定で、その後PE傘下でも譲受け時の業況が横ばい
としたものが図表6－8です。

　5年後に投資時と同様に「純資産額」で株式を売却するとす
れば、投資額20億円で、5年後の出口での株式売却額が35.2億
円ですから、IRRは11.98％となります（図表6－9。ここでは、

図表6-8　業況が横ばいの場合（シミュレーション1）

単位：百万円	想定業況	PEへの譲渡	将来予想				
			1期	2期	3期	4期	5期
売上げ	10,000	10,000	10,000	10,000	10,000	10,000	10,000
営業損益	479	479	479	479	479	479	479
経常損益	429	429	429	432	435	438	441
当期純損益	300	300	300	302	304	306	308
EBITDA	979	979	979	979	979	979	979
配当			0	0	0	0	0
総資産	10,000	10,000	10,000	10,000	10,000	10,000	10,000
純資産	2,000	2,000	2,300	2,602	2,906	3,213	3,521
有利子負債	5,000	5,000	4,700	4,398	4,094	3,787	3,479
税引き後当期利益率	3.00%	3.00%	3.00%	3.02%	3.04%	3.06%	3.08%
自己資本比率	20.00%	20.00%	23.00%	26.02%	29.06%	32.13%	35.21%
ROE			15.00%	13.13%	11.69%	10.54%	9.60%

図表6-9　シミュレーション1のIRR

	（百万円）
投資額	2,000
投資期間	5年
売却額	3,521
IRR	11.98%

投資に際して要する費用など考慮していません。以下のシミュレーションも同様です）。

　5年間継続して売上高の3％の利益をあげ、累計約15億円の借入返済を進め自己資本比率は20％から35％へと向上しました。PE投資時に投資資金の一部50億円を貸し出した金融機関

は、投資期間を順調な業況・順調な返済と評価するでしょうが、PEにとってIRR11.98％は必ずしも満足できる投資利回りの水準ではないでしょう。

c　3％成長の場合（シミュレーション2）

それでは、投資利回りの向上を求めて、投資先企業の利益向上を目指し、利益率は向上しないものの、売上高が向上して利益額も向上する場合をみてみます。PEによる譲受け後に、PE傘下でも利益率は変わらぬまま、売上げと営業利益がともに毎期3％成長するとした場合が図表6-10です。

5年後に投資時と同様に「純資産額」で株式を売却するとすれば、IRRは12.63％となります（図表6-11）。このシミュレーションは3％成長（売上高と営業利益がともに前年比3％の拡大）

図表6-10　3％成長の場合（シミュレーション2）

単位：百万円	想定業況	PEへの譲渡	将来予想				
			1期	2期	3期	4期	5期
売上げ	10,000	10,000	10,000	10,300	10,609	10,927	11,255
営業損益	479	479	479	493	508	523	539
経常損益	429	429	429	446	464	482	501
当期純損益	300	300	300	312	325	338	351
EBITDA	979	979	979	993	1,008	1,023	1,039
配当			0	0	0	0	0
総資産	10,000	10,000	10,000	10,300	10,609	10,927	11,255
純資産	2,000	2,000	2,300	2,612	2,937	3,274	3,625
有利子負債	5,000	5,000	4,700	4,388	4,063	3,726	3,375
税引き後当期利益率		3.00％	3.00％	3.03％	3.06％	3.09％	3.12％
自己資本比率		20.00％	23.00％	25.36％	27.68％	29.97％	32.21％
ROE			15.00％	13.57％	12.43％	11.50％	10.72％

図表 6 −11　シミュレーション 2 のIRR

	（百万円）
投資額	2,000
投資期間	5 年
売却額	3,625
IRR	12.63%

が 5 年継続するとしています。経済全体の低成長のもと、 3 ％
成長を長期にわたり続けることは容易ではないでしょうが、
IRR計算では、上記業況横ばいの場合と大きな違いにはなりま
せん。

d　利益率が 3 ％から 5 ％へ向上する場合（売上高成長なし）
　（シミュレーション 3 ）

　このように、利益率は一定で売上げ成長による増益の効果は
PEにとって満足できる水準ではないようなので、次に、利益
率の向上の効果をみます。

　PEによる譲受け後にPE傘下で税引き後利益率が 5 ％へと向
上し、売上げは横ばいとした場合が図表 6 −12です。

　 5 年後に投資時と同様に「純資産額45億円」で株式を売却す
るとすれば、IRRは17.79％となります（図表 6 −13）。

　また、出口時に、「純資産額」ではなく「EBITDAの 7 倍の
金額」で売却できるとすると、 5 年後にはEBITDA12.6億円、
有利子負債25億円となっていますから、企業（事業）価値88億
円、有利子負債を差し引いた株式価値64億円となり、IRRは
26.13％となります。シミュレーション 1 のIRR11.98％、シミ

図表6−12 利益率が3％から5％へ向上する場合（売上高成長なし）（シミュレーション3）

単位：百万円	従来の業況	想定業況	PEへの譲渡	将来予想				
				1期	2期	3期	4期	5期
売上げ	10,000	10,000	10,000	10,000	10,000	10,000	10,000	10,000
営業損益	479	764	764	764	764	764	764	764
経常損益	429	714	714	714	719	724	729	734
当期純損益	300	500	500	500	504	507	511	514
EBITDA	979	1,264	1,264	1,264	1,264	1,264	1,264	1,264
配当				0	0	0	0	0
総資産	10,000	10,000	10,000	10,000	10,000	10,000	10,000	10,000
純資産	2,000	2,000	2,000	2,500	3,004	3,511	4,021	4,535
有利子負債	5,000	5,000	5,000	4,500	3,997	3,489	2,979	2,465
税引き後当期利益率			5.00%	5.00%	5.04%	5.07%	5.11%	5.14%
自己資本比率			20.00%	25.00%	30.04%	35.11%	40.21%	45.35%
ROE				25.00%	20.14%	16.88%	14.54%	12.79%

図表6−13 シミュレーション3のIRR

	（百万円）		（百万円）
投資額	2,000	投資額	2,000
投資期間	5年	投資期間	5年
売却額（純資産額）	4,535	売却額（EITDA×7 −2,465）	6,385
IRR	17.79%	IRR	26.13%

ュレーション2のIRR12.63％とは大きな差があります。

e　シミュレーション1からシミュレーション3の示唆

　このシミュレーション1からシミュレーション3は、PE投資について以下を示唆するでしょう。

ア　標準的な収益力の企業は投資の対象になりうる

投資後に利益が向上する例であるシミュレーション3の IRR17.79％から26.13％という利回りは、中堅企業を投資対象とするPEにとってはおおむね満足できる投資利回りでしょう。また、投資後の業況が横ばいの例であるシミュレーション1でも2桁のIRRです。中堅企業を投資対象とするPEにとって、高収益の企業でなくても標準的な収益力の企業であれば投資対象になりうるととらえられるでしょう。中堅企業には投資先候補は多いと理解できます。

イ　売上向上よりは利益向上

売上向上による増益の例であるシミュレーション2の投資利回りは、業況横ばいの例であるシミュレーション1の投資利回りと、大きな差はなく、利益率が向上するシミュレーション3では投資利回りの大きな向上がみられました。PE投資では、「売上向上より利益向上（売上向上がないとしても利益向上）」が重要といえそうです。

企業の本来の願いは、「業容拡大」「売上げの拡大を通じた利益の向上」であって、売上高は大きな指標であり、業容拡大は従業員や取引先など多くのステークホルダーにも大きな意味をもちます。ところが、経営権を握ったPEが「売上げでなく利益」を方針とし、「利益向上」の手段として過度な合理化策をとることはないか、企業側にはPEの投資方針についての懸念が生じる可能性もあります。

ウ　PEが利益向上を求めるとして大幅なものでなくてもよい

また、シミュレーション３で示されたように、PEにとり、３％から５％へ税引き後利益率向には投資利回りへ大きな効果がありました。そこで、PEが利益向上を求めるとしても、PEの求める内容は、「投資期間中に、直ちに、高収益企業に転換しろ（例：税引き後利益率３％から10％へ）」というわけではなく、求める利益の向上幅は大きなものではない場合もあるともいえそうです。PE投資であろうとなかろうと、企業は本来常に利益向上に努めるものですから、PEによる利益向上の要請は、企業が本来行う利益向上への取組みの範囲内の水準と認識できる場合も多いでしょう。

　エ　「安く買う、高く売る」というM&Aの功劣の影響は大きい

　シミュレーション３で「出口」時に「純資産額」で譲渡するか、「EBITDAの７倍の金額」で譲渡するかの違いを示しました。投資期間中の企業価値の向上（利益の向上）のほか、PE投資では「入口」「出口」の売買の功劣は投資利回りに大きく影響しそうです。

(6)　税引き後利益率３％企業のシミュレーション②　（借入れの活用、出口のタイミング）

同じくPE投資後に売上高税引き後利益率が３％から５％へ向上した企業を想定して、「出資と借入れ」の構成を変えた場合と、出口のタイミングを変えた場合をみていきます。

a 利益率が5％へ向上し、出資と借入れの構成比を変える
（シミュレーション4）

シミュレーション1からシミュレーション3と同じく、税引
き後利益率3％の企業として、

・「総資産100億円、純資産20億円、有利子負債50億円」の貸借
　対照表を想定し、

・「企業（事業）価値70億円、株式価値20億円」の評価とし、
　この企業を、

・「出資20億円、借入れ50億円」の資金調達ではなく、

・「出資10億円、借入れ60億円」の資金調達でPEは譲り受け、

・「純資産10億円、有利子負債60億円」でスタートするものと
　します。

借入過大かもしれませんが、ここでは問わないものとします
（図表6－14）。

5年後に投資時と同様に「純資産額」の35億円で株式を売却
するとすれば、IRRは28.68％となります（図表6－16）。「出資

図表6－14　PEの譲受け形態

〈PE投資前の対象企業〉　　　　　　　〈PE投資後の対象企業〉

資産 100億円	負債30億円
	借入れ 50億円
	純資産 20億円 （既存株主）

資産 100億円	負債30億円
	借入れ60億円
	純資産10億円（PE出資）

図表6-15 利益率が5％へ向上し、出資と借入れの構成比を変える（シミュレーション4）

単位：百万円	従来の業況	想定業況	PEへの譲渡	将来予想				
				1期	2期	3期	4期	5期
売上げ	10,000	10,000	10,000	10,000	10,000	10,001	10,002	10,003
営業損益	479	764	764	764	764	764	764	764
経常損益	429	714	714	704	709	714	719	724
当期純損益	300	500	500	493	496	500	503	507
EBITDA	979	1,264	1,264	1,264	1,264	1,264	1,264	1,264
配当				0	0	0	0	0
総資産	10,000	10,000	10,000	10,000	10,000	10,000	10,000	10,000
純資産	2,000	2,000	1,000	1,493	1,996	2,503	3,014	3,528
有利子負債	5,000	5,000	6,000	5,507	5,011	4,511	4,008	3,501
税引き後当期利益率			5.00%	4.93%	4.96%	5.00%	5.03%	5.07%
自己資本比率			10.00%	14.93%	19.96%	25.03%	30.14%	35.28%
ROE				49.28%	33.24%	25.03%	20.10%	16.81%

図表6-16 シミュレーション4のIRR

	（百万円）
投資額	1,000
投資期間	5年
売却額（純資産額）	3,528
IRR	28.68%

額20億円、借入れ50億円」のシミュレーション3ではIRRは17.79％ですから、借入活用はIRRへ大きな影響があります。

b 出口のタイミング

シミュレーション3の場合に、「出口」を投資後5年でなく、投資後3年としてみます（図表6-17）。すると、20億円を

図表6－17　利益率が3％から5％へ向上する場合（売上高成長なしで出口が投資後3年）

単位：百万円	PEへの譲渡	将来予想	
		3 期	5 期
売上げ	10,000	10,000	10,000
営業損益	764	764	764
経常損益	714	724	734
当期純損益	500	507	514
EBITDA	1,264	1,264	1,264
配当		0	0
総資産	10,000	10,000	10,000
純資産	2,000	3,511	4,535
有利子負債	5,000	3,489	2,465
税引き後当期利益率	5.00%	5.07%	5.14%
自己資本比率	20.00%	35.11%	45.35%
ROE		16.88%	12.79%

図表6－18　シミュレーション3で「出口」が投資後3年

	（百万円）		（百万円）
投資額	2,000	投資額	2,000
投資期間	3 年	投資期間	5 年
売却額（純資産額）	3,511	売却額（純資産額）	4,535
IRR	20.63%	IRR	17.79%

投資して、3年後であれば純資産額35億円での「出口」、5年後であれば純資産額45億円での「出口」となります。IRRは3年出口35億円の場合で20.63％、5年出口45億円の場合で17.79％となります（図表6－18）。このシミュレーションでは投資後直ちに利益率が向上して、その後の投資期間は利益率一定としています。

　PEは出口の見極めも重要です。利回りの観点では、利益率が向上したのであれば早期の出口が有利、また、投資期間中は継続的な利益向上がないと利回り向上に結びつかないといえそうです。

c　シミュレーション4と「出口」タイミングの示唆

　このシミュレーション4とシミュレーション3を用いた出口のタイミング比較は、PE投資について以下を示唆するでしょう。

ア　借入活用は重要

　「株式価値＝企業（事業）価値－借入れ」という関係で株式価値が考えられていることを背景に、投資時に借入れを活用して出資額を抑えることが投資利回りの向上につながること、また、投資期間中に借入返済を進めることで同じ企業価値のもとで株式価値の上昇を図ることができます。

　これは、投資対象である企業からみると、PE投資によって借入過大になるのではないかという懸念が生じ、また、借入返済の原資はEBIDAから投資額を差し引いた金額（シミュレーションでは減価償却と投資額を同額としている）であるので、PE傘下の期間中、借入返済促進のために投資が抑制されて長期的な

競争力低下につながるのではないか（PE傘下の間に競争力低下の影響が生じないとしても、PE傘下を離脱した後に影響が生じることはないか）という懸念も生じえます。

　イ　出口のタイミングと恒常的な利益向上

　投資期間中の恒常的な利益向上が投資利回りの源泉です。そして、いったん利益向上がなされ、さらなる利益向上はむずかしいようであれば、早めに出口に向かうことがPEにとり有利なようです。

　成熟産業に属する中堅企業では、業容拡大を主な要因とする恒常的な利益の向上はなかなかむずかしいと思われ、そうなると、PE投資では、「新しい業務の開拓や新たな投資による企業の成長」ではなく、「合理化策実施による利益向上」と「利益向上がなされたならば早期の出口」という組合せが志向される懸念も生じます。経営が短期志向とならないか、また、「入口」「出口」が時期を経ずに生じて企業が疲弊することはないか、経営が安定しないのではないか、という懸念も生じます。

(7)　税引き後利益率５％企業のシミュレーション

　次に、比較的高い利益水準の企業を対象にPE投資を行うとして、(4)の企業評価や想定をもとに税引き後利益率５％の企業でシミュレーションを行います。

a　前　提

　ア　PEの譲受け形態

　税引き後利益率５％の企業として

・「総資産100億円、純資産50億円、有利子負債20億円」の貸借

対照表を想定し、

・「企業（事業）価値90億円、株式価値70億円」と評価としました。この企業を、

・「出資24億円、借入れ66億円」の資金調達でPEは譲受け（税引き後利益率3％の企業の譲受け前提と平仄をあわせてPE投資後の純資産比率を20％とするため、出資額を24億円とします）。

・「純資産24億円、有利子負債66億円、のれん20億円」としてスタートする（ただし、シミュレーションにおいてはのれん償却の会計・税務上の影響は考慮していません）

ものと想定します（図表6−19）。

　イ　業況の想定

・売上高：100億円

・税引き後利益率：5％

・有利子負債金利：1％

・2期以降、借入減少に伴う金利負担減少分の利益向上

図表6−19　PEの譲受け形態

〈PE投資前の対象企業〉　　　　　　　　〈PE投資後の対象企業〉

資産 100億円	負債30億円
	借入れ50億円
	純資産20億円 （既存株主）

資産 120億円 （うちのれ ん20億円）	負債30億円
	借入れ66億円
	純資産24億円 （PE出資）

・減価償却と同額の投資を毎期実施し、毎期税引き後利益同額を借入返済

　ウ　PE出口

・投資期間（5年と想定）中は配当なし

・PEは5年後に株式を売却し株式売却益を取得

b　業況が横ばいの場合（シミュレーション5）

　PE傘下でも業況は横ばいを想定します（図表6－20）。

　税引き後利益率3％の企業への投資でのIRRが11.98％であるのに対し、この税引き後利益率5％の企業への投資ではIRRは15.51％となります（図表6－21）。

　シミュレーション5では投資後には「のれん20億円」を計上して総資産が投資前の100億円から120億円となります。「『のれ

図表6－20　業況が横ばいの場合（シミュレーション5）

単位：百万円	想定業況	PEへの譲渡	将来予想				
			1 期	2 期	3 期	4 期	5 期
売上げ	10,000	10,000	10,000	10,000	10,000	10,000	10,000
営業損益	764	780	780	780	780	780	780
経常損益	714	714	714	719	724	729	734
当期純損益	500	500	500	504	507	511	514
EBITDA		1,280	1,280	1,280	1,280	1,280	1,280
配当			0	0	0	0	0
総資産	10,000	12,000	12,000	12,000	12,000	12,000	12,000
純資産	5,000	2,400	2,900	3,404	3,911	4,421	4,935
有利子負債	2,000	6,600	6,100	5,597	5,089	4,579	4,065
税引き後当期利益率	5.00%	5.00%	5.00%	5.04%	5.07%	5.11%	5.14%
自己資本比率	50.00%	20.00%	24.17%	28.36%	32.59%	36.84%	41.13%
ROE		20.83%	20.83%	17.36%	14.90%	13.06%	11.63%

図表6−21　シミュレーション5のIRR

	（百万円）
投資額	2,400
投資期間	5年
売却額	4,935
IRR	15.51%

ん』には一括償却の懸念があり、より純資産比率を高くするべき」という議論が生じる可能性はあり、純資産比率20％では低すぎ、20％を上回る純資産比率として出資額を増額すべきとの議論も予想できます。出資増額によりIRRは低下します。

c　シミュレーション5の示唆

比較的高い収益力である税引き後利益率5％の企業への投資は、同3％の企業への投資に比べある程度の投資利回り向上になりました。しかしながら、投資対象企業の収益力もさることながら、投資後の利益向上、借入れの活用、M&Aの巧劣といった、投資時や投資後のPEの取組みがもたらす影響のほうが投資への効果は大きいようです。結局、PE投資では、一概に「よい企業への投資がよい結果になる」とはいえず、「よい企業は相応に評価額が高く」、投資期間中の「低い利益の企業は高い利益へ」、また、「高い利益の企業はさらに高い利益へ」の取組みが必要であるのがPE投資ともいえるでしょう。

⑻　PEにとっての中堅企業

ここまでPEの仕組みや特徴、求める投資利回りを述べ、シ

ミュレーションが示唆する内容をみてきました。シミュレーションが示唆する内容には、企業（あるいはそのステークホルダー）からみると、共有できる内容も、懸念すべき内容もありました。これらをふまえ、中堅企業を対象とするPE投資について、投資主体であるPE、投資対象となる中堅企業、地域経済、地域金融機関のそれぞれの観点をみていきます。まず、PEの観点です。

PEからみると中堅企業は以下ととらえることができ投資対象として適当な存在です。

a　投資規模としてPEの対象に合致する

数百億円を投資枠とするPEも多く、企業価値でも投資額でも数十億円となる中堅企業は投資対象として適当な企業規模です。

b　企業価値向上を見込みうる企業は多い

PEにとっては投資期間中の利益の向上が重要であるところ、中堅企業には、業界比較で、また外国企業との比較で、利益率が低い企業も多く、投資期間中に「利益の向上」を見込みうる企業は多いものです。PEにとって、利益向上の余地が大きい企業は妙味のある存在です。また、対象企業が投資期間中に「買い手」となって、業界の他社を購入する「ロールアップ」を行うといったPE特性を活かした施策を見込みうる企業もあるでしょう。

さらに、金融機関からの「借入れの活用」も見込みうる業況や担保提供資産を有する企業も多く、借入活用での投資採算向上が見込みうる企業も多いでしょう。利益の向上、ロールアッ

プ（M&A）、借入れの活用と投資利回り確保の手段を見込みうる投資候補です。

c 出口を見込みうる

中堅企業は、第三者への株式譲渡だけでなく、上場を目指すこともありうる企業規模です。

ア 事業会社や他のPEへの株式譲渡が可能

中堅企業は業界の有力企業であり、M&A（売り）となれば数十億円から数百億円の譲渡価額で、買い手は、国の内外の同業あるいは密接関連業界の企業を予想でき、またPEも買い手候補となるとしました（第2章6(3)）。

イ 上場もありうる

年商数十億円となれば、企業規模の面では上場もありえ、上場後の株式市場売却やTOB売却もありえます。

(9) 中堅企業にとってのPE

a 利益向上に資する

利益の向上は、利益水準が低い企業であれ高い企業であれ、企業自身にとって本来歓迎すべき内容です。特にこれまで低い利益水準が続いた企業の利益向上は、PEにとり比較的容易でやりやすいと映る場合もあり、企業にとっては業況低迷を脱するきっかけともなりえます。

b ロールアップなど単独ではできなかった施策もPEならでは

また、PEによるロールアップやその結果としての業界再編も、企業単独ではむずかしい内容であることも多く、企業のス

テータスアップや業界の高度化にもつながるものとして望ましい場合が多いでしょう。

c　利益志向への懸念

　運用利回りは、利益の向上だけでなく、借入れの活用や投資時と出口の価格によって決まり、必ずしも「PEから求められる利益水準が常に高すぎる」わけではありません。

　それでも、PEが求める利回りは高いと感じる企業は多いでしょう。「売上向上よりは利益向上」の方針で過度な合理化がなされる懸念もあり、また、恒常的な利益水準の向上を求められても達成はむずかしいと懸念する企業もあるでしょう。中堅企業の多くは成熟産業に属すので、投資期間が長期となった場合に、恒常的な利益水準の向上が継続できるかについても懸念が生じます。

　また、運用期間中の利益確保やEBITDA向上のため、投資抑制に偏った場合には長期的な成長の阻害とならないかという懸念も生じます。特に地方創生を担う「地域の外から稼ぐ」「地域内経済循環」を行うコア企業に該当する中堅企業の多くは製造業に属すると思われるところ、一般に、製造業では製品開発や試作品製造から量産を経て売上計上に至る過程には時間を要し、設備投資も要することから、懸念も生じます。

d　短期志向への懸念

　PEの運用期間は3年から5年であり、その間の利益向上が求められ、いったん利益向上がなされれば早期の「出口」に移るのがPEの特性です。そのため、短期志向になりがちであるという指摘も数多くなされます。

e　借入過多への懸念

　PEにとり借入活用の効果は大きなものがあります。PE投資時に借入過多に陥らないかの懸念と、投資期間中は借入返済専一となって投資不足となることはないかの懸念が生じます。

f　M&Aの巧劣

　PEにとり「安く買う、高く売る」M&Aの巧劣も投資利回りに影響します。PE投資の「出口」において、PE「出口」の相手方となる企業の買い手は、企業買収を通じて利益をあげることが目的ですから、買い手が再度PEであれば数十％のIRRを目標とし、買い手が上場事業会社であればROE8％以上を目標とし、買い手が非上場事業会社でも「買い」のために行った調達資金を返済して相応の利益計上を目標とします。そのため、譲渡対象である企業には、いずれにせよ、それら目標に応える利益をあげることが求められます。買い手の購入価額が低ければ企業が求められる利益水準は比較的低く、買い手の購入価額が高ければ企業が求められる利益水準は比較的高くなります。すると、譲渡対象である企業に属して、PE「出口」での譲渡とともに、売り手から買い手へ所属が移る、企業の従業員としては、売り手から「安く売られる」、買い手に「安く買ってもらう」ことが、譲渡後に「楽である」ことになります。

　結局、企業からみると、PEの「安く買う、高く売る」というM&Aの巧劣も「ほどほどでお願いしたい」という気持ちになります。

g　出口は必須

　PEは投資家からの資金をもって投資し、投資回収をもって

投資家へ応えるという原理にあり「出口」は必須です。

そして、「出口」の方法は株式譲渡か上場後の市場売却です。

「出口」の候補を事業会社とすると、同業か密接関連業界の大企業か中堅企業となると想定できます（第2章⑥(3)b）。そのため、「独立」での存続を期待して、「入口」で事業会社ではないPEをいったん選択しても、結局、「独立」は維持できないことになります。

また、事業会社への譲渡を避けて、PE出口で譲渡先を再度PEとすると、借入過多や短期志向の繰り返しによる企業の疲弊が懸念されるほか、再度の投資出口の心配も生じます。

上場後の市場売却でも、上場後には「株主は選べない」ことになり内外の機関投資家の登場が十分に予想できるところですから、はたして「独立」の維持を継続できるか不確実です。

⑽　地域経済・地域金融機関にとってのPE

a　利益向上は意味あり

取引関係にある地域金融機関にとって利益向上が望ましいことはもちろん、地域経済にとっても地域に所在する中堅企業が安定的に利益を計上することは、雇用面・取引連鎖・納税とすべての面で有用です。PEが目指す利益の向上は、本来望ましいものです。

b　「独立」が目標の場合に懸念

中堅企業が「独立」を維持し本社機能が地域に存続することには地域経済にも地域金融機関にも意味あることでした。そのためPEの「出口」次第では、本社機能の移転などで「独立」

が維持されなくなる懸念が残ります。

⑾　PEは最適の選択か

　結局、PEが、利益の向上やロールアップにハンズオンで取り組むことには、多くの場合意味があり、また、業況改善への取組みは短期間に行うべき場合が多いことも間違いありませんから、投資期間中の集中的な取組みも評価されるところです。一方で、利益志向ほかの懸念事項も抱えます。

　PEは、「中堅企業に特有の資本面の課題」については、対象企業が「独立」の維持にこだわることができない状況にあって、なんらかの外部関与を要し、なんらかの合理化策や構造改善策の実施、ロールアップや業界再編への取組みが必要とされる場合には有用といえるでしょう。一方で、対象企業が相応の経営を行って、現在の経営体制や業況を維持することに、少なくとも当面は支障ないという場合で、企業（経営者や従業員、取引先などのステークホルダー）や地域経済・地域金融機関に「独立」の願いがある場合には、必ずしも最適の選択ではないという判断になりそうです。

4　Debt MBO

⑴　Debt MBO

PE投資には、いくつもの利点があるものの、仕組みのうえ

で「出口」を必要とし、結局、企業が「独立」を維持して地域に存続するという目標には合致しなくなる点などがあるとしました。

すると、PEによる出資を避けて、全額借入れで事業承継や大企業のカーブアウトを行うことはできないかに思いが至ります。

・企業側の主導で、企業と折り合いのよい企業や個人がごく少額を出資して株式受け皿企業（SPC）を組成する
・SPCは、ごく少額の出資と借入れで調達した資金をもって、既存株主が保有する株式全株を譲り受ける

図表6−22　Debt MBO

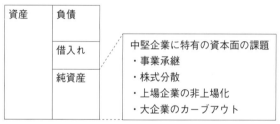

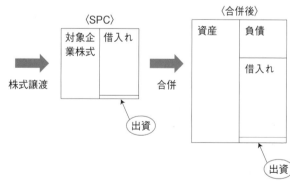

・後に企業とSPCは合併し、SPCへ出資した企業や個人は企業の新株主になる

という手法です。この結果、SPCの借入れは企業へ移り、企業の純資産はほぼなくなります（図表6-22）。

この手法は「Debt MBO」と呼ばれることもあるようです（第3章③(5)b「第2案『ほぼ全額借入れによる資金で株式を譲受け』」は、Debt MBOに該当します）。

(2) Debt MBOでのシミュレーション

このDebt MBOでのシミュレーションを行います。本章③「プライベートエクイティファンド」でのシミュレーションと同様に「税引き後利益率3％、売上高・総資産ともに100億円」の標準的な収益力の企業をイメージします（図表6-23）。

図表6-23　イメージする税引き後利益率3％の企業

年商（売上高）	100億円
資産規模（総資産）	100億円
税引き後利益	3億円
経常利益	4.3億円
営業利益	4.8億円
減価償却額	5億円
EBITDA	9.8億円
純資産	20億円
借入れ（有利子負債）	50億円

a EBITDAの約7倍の企業評価額で（シミュレーション6）

ここでも同様に、EBITDA9.8億円の約7倍の70億円を企業（事業）価値として、有利子負債50億円を差し引いた20億円を株式評価とします。Debt MBOでは、譲受け時の資金調達は「出資額：おおむね0円、借入れ：70億円」となります。

・「総資産100億円、純資産20億円、有利子負債50億円」の貸借対照表を想定し、

・「企業（事業）価値70億円、株式価値20億円」と評価とします。この企業を、

・「出資ほぼ0円、借入れ70億円」の資金調達でSPCは譲り受け、

・「純資産ほぼ0円、有利子負債70億円」でスタートするものとします。

SPCが、ほぼ全額を借入調達した資金で対象企業を譲り受け、合併後、対象企業の収益で借入れを返済します（図表6－

図表6－24　Debt MBOの前後

〈Debt MBO前の対象企業〉

資産 100億円	負債30億円
	借入れ50億円
	純資産20億円（既存株主）

〈Debt MBO後の対象企業〉

資産 100億円	負債30億円
	借入れ70億円

個人など出資：ほぼゼロ

24)。

「想定した業況が横ばいで継続する」場合のシミュレーションをします。減価償却と同額の投資を毎年実施して、配当を実施することなく、利益をすべて借入返済に充当するものとし、実行後10年間をみます（図表6−25）。

「純資産20億円、有利子負債50億円」というDebt MBO実施前の財務状況に戻るためには7年を要し、10年後の借入残高は約40億円となります。

このシミュレーションから以下が理解できます。

① 年間3億円を超える税引き後利益を見込みうる企業でも、純資産がほぼゼロの状態で、20年を超える返済期間を要する70億円の借入れが可能であるか疑問である。

② 実行時に借入過多となることは間違いなく、相当の期間、借入返済専一の経営が求められる。そのため、不測の事態への対応が可能か懸念されるほか、実行後長期間にわたり大きな投資はむずかしいと思われ、その間の競争力に懸念も生じる。

b 企業評価額を引き下げる（シミュレーション7）

EBITDAの約7倍という企業（事業）評価額でDebt MBOを実行すると借入れ70億円となり借入過大という理解ですから、より低い企業（事業）評価額であれば成り立つかを検証します。EBITDAの約6倍の企業（事業）評価額60億円でシミュレーションを行います。この企業（事業）評価額60億円の結果、MBO実行後に純資産10億円を計上します。この純資産金額は主にSPCと対象企業の合併に伴う「負ののれん」に由来し

図表6−25　Debt MBOのシミュレーション

単位：百万円	想定業況	Debt MBO実行	1期	2期	3期
売上げ	10,000	10,000	10,000	10,000	10,000
営業損益	479	479	479	479	479
経常損益	429	429	409	411	414
当期純損益	300	300	286	288	290
EBITDA	979	979	979	979	979
配当			0	0	0
総資産	10,000	10,000	10,000	10,000	10,000
純資産	2,000	0	286	574	864
有利子負債	5,000	7,000	6,714	6,426	6,136
税引き後当期利益率	3.00%	3.00%	2.86%	2.88%	2.90%
自己資本比率	20.00%	0.00%	2.86%	5.74%	8.64%
ROE			−	100.70%	50.53%

ます。

　「純資産20億円、有利子負債50億円」というDebt MBO実施前の財務状況に戻るためには3年から4年を要し、10年後の借入残高は約30億円となります。この程度であれば成り立ちうるといえるかもしれません。

　Debt MBOは、当然ながら企業（事業）評価額が低ければ成り立つわけですが、このシミュレーション7の例である企業（事業）評価額60億円とは、既存の株主から簿価純資産額20億円の半額である10億円の対価で株式を譲り受けることを意味し

将来予想						
4期	5期	6期	7期	8期	9期	10期
10,000	10,000	10,000	10,000	10,000	10,000	10,000
479	479	479	479	479	479	479
417	420	423	426	429	432	435
292	294	296	298	300	302	305
979	979	979	979	979	979	979
0	0	0	0	0	0	0
10,000	10,000	10,000	10,000	10,000	10,000	10,000
1,156	1,450	1,746	2,045	2,345	2,647	2,952
5,844	5,550	5,254	4,955	4,655	4,353	4,048
2.92%	2.94%	2.96%	2.98%	3.00%	3.02%	3.05%
11.56%	14.50%	17.46%	20.45%	23.45%	26.47%	29.52%
33.80%	25.44%	20.42%	17.08%	14.69%	12.90%	11.50%

ます。これはPBR（株価純資産倍率）0.5（上場企業の株式評価に当てはめれば）という株価水準であり、相当に低い株式評価額といえ、既存株主の応諾を得られるか疑問も生じます。

(3) Debt MBOの可否

結局、Debt MBOはEBITDAの7倍といった評価額では実行はむずかしく、「相応の利益を計上するものの、株式評価額がかなり低い企業」でのみ成り立ちうる手法といえます。

また、外部からの出資を受けないので、「会社らしい会社経

図表 6 −26　企業評価額を引き下げる（シミュレーション 7 ）

〈Debt MBO前の対象企業〉

資産 100億円	負債30億円
	借入れ50億円
	純資産20億円 （既存株主）

〈Debt MBO後の対象企業〉

資産 100億円	負債30億円
	借入れ60億円
	純資産10億円

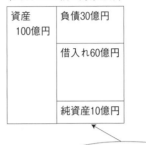

主に「負ののれん」

図表 6 −27　シミュレーション 7 の業況

単位：百万円	想定 業況	Debt MBO 実行	1 期	2 期	3 期
売上げ	10,000	10,000	10,000	10,000	10,000
営業損益	479	479	479	479	479
経常損益	429	429	419	422	424
当期純損益	300	300	293	295	297
EBITDA	979	979	979	979	979
配当			0	0	0
総資産	10,000	10,000	10,000	10,000	10,000
純資産	2,000	1,000	1,293	1,588	1,885
有利子負債	5,000	6,000	5,707	5,412	5,115
税引き後当期利益率	3.00%	3.00%	2.93%	2.95%	2.97%
自己資本比率	20.00%	10.00%	12.93%	15.88%	18.85%
ROE			−	22.82%	18.71%

営」「社会的存在であることを認識」という要請を担保する経営の規律と抑制がなされるか疑問なしとしません。

　上場企業で、PBRが1を大きく下回る企業を対象とした場合には成り立ちうると思われ、2010年前後の株価低迷時期には上場企業を対象に実行された事例があるようです。

⑷　リスクマネーの必要性

　結局、借入過多を避けて「中堅企業に特有の資本面の課題」に取り組むには、やはり、一定のリスクマネーが必要になるこ

将来予想						
4 期	5 期	6 期	7 期	8 期	9 期	10期
10,000	10,000	10,000	10,000	10,000	10,000	10,000
479	479	479	479	479	479	479
427	430	433	436	440	443	446
299	301	303	306	308	310	312
979	979	979	979	979	979	979
0	0	0	0	0	0	0
10,000	10,000	10,000	10,000	10,000	10,000	10,000
2,184	2,486	2,789	3,095	3,402	3,712	4,024
4,816	4,514	4,211	3,905	3,598	3,288	2,976
2.99%	3.01%	3.03%	3.06%	3.08%	3.10%	3.12%
21.84%	24.86%	27.89%	30.95%	34.02%	37.12%	40.24%
15.87%	13.79%	12.21%	10.95%	9.94%	9.11%	8.40%

とが理解できます。

5　中小企業投資育成

(1)　中小企業投資育成

中小企業投資育成という機関があります。これは、公的な投資育成機関として中小企業投資育成法に基づき設立されたもので、東京、名古屋、大阪に本社を置く各中小企業投資育成株式会社3社で全国を管轄し、九州はそのうち大阪中小企業投資育成株式会社の管轄です。

大阪中小企業投資育成株式会社は1963年の設立で、地方自治体・銀行・生命保険・損害保険・大阪商工会議所・日本取引所グループなど100社が株主となっています。当初は公的なベンチャーキャピタルとしてスタートしましたが、現在では、「出資先の上場と上場後の市場売却による株式売却益確保」といういわゆるベンチャーキャピタル業務にはこだわらず、中小企業の自己資本充実支援を目標に、企業が発行する株式や新株予約権付社債を引き受けたうえで長期的に保有することを業務としています。引き受けた株式からの配当を得ることなどで利益を確保しています。

同社のホームページによると、業務の概要は以下になります。

a　株式・新株予約権の引受け

・資本金３億円以下の企業を対象とした株式と新株予約権の引受け

・既発行の株式・新株予約権の譲受けは行わない

b　議決権比率

・議決権比率50％以内

c　投資実績（2018年３月現在、３社合計）

・投資累計5,345社245,666百万円

・投資残高2,611社87,819百万円

・投資先企業の公開実績211社

d　中小企業投資育成利用のメリット

中小企業投資育成のメリットとして以下を記載しています。

・増資による自己資本比率改善

・払込資金を長期安定資金として活用

・投資育成会社が安定株主となり、経営の安定化を図る

　　──会社の株式が分散している場合や分散を防止し経営権を確保しておきたい場合に安定株主として役立つ

・従業員のモラールアップにつながる

　　──同族経営から脱皮し、開かれた経営への第一歩となる。社長の経営姿勢に対する従業員の見方が変わる

・経営承継を円滑に進めることができる

　　──公的な長期安定株主として次世代の経営者への経営承継をバックアップ

・株式公開に向けて全面的にバックアップ

・取引先拡大や人脈づくりができる

・経営全般にわたる相談

e　経営権など

　また、利用に関する「Q&A」があります。そのいくつかを
記載します。

Q．投資育成会社にまとまった株式を引き受けてもらうと、経
　　営権のことが心配ですが。

A．投資先企業の経営の自主性を尊重することが、投資育成会
　　社の過去50年超にわたる一貫した基本方針です。この基本方
　　針をご理解いただき全国で5,200社以上の企業にご利用いた
　　だいてきました（累計）。

Q．投資育成会社から投資を受けると、株式を公開しなければ
　　ならないのでしょうか。

A．具体的な上場計画のない企業でも、安定配当を実施する企
　　業にはご利用いただいております。

Q．投資育成会社の投資を受けた後の配当はどのように考えた
　　らよいのでしょうか。

A．利益の状況をみつつですが、できるだけ安定した配当を期
　　待しています。早期の上場を目指し、内部留保に努めたい企
　　業には別途ご相談に応じています。

Q．株式の保有期間は決まっているのでしょうか。

A．経営の安定化を念頭に、長期にわたる保有を前提にしてお
　　りますので、あらかじめ保有期間を定めておりません。

f　投資先企業の概要

　ア　投資先企業の業種

　製造業が過半を占め、製造業での内訳は、金属、機械などが

多いようです（図表6-28）。

　イ　投資先企業の業績

　投資先企業の平均の年商は約50億円、税引き後利益率は3％

図表6-28　投資先企業の業種（2022年3月末）

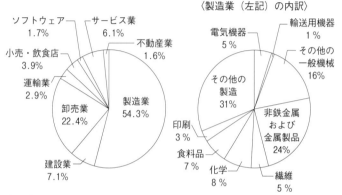

（出所）　大阪中小企業投資育成ホームページ

図表6-29　投資先企業の決算概要

投資先企業の平均業績2期比較

決算年度	2020/4〜2021/3		2021/4〜2022/3		伸び率
	百万円	（％）	百万円	（％）	％
売上高	4985.6	(100.0)	5301.3	(100.0)	6.3
売上総利益	1058.0	(21.2)	1134.1	(21.4)	7.2
販管費	854.0	(17.1)	869.0	(16.4)	1.8
営業利益	204.0	(4.1)	265.1	(5.0)	29.9
経常利益	253.3	(5.1)	332.5	(6.3)	31.3
当期利益	152.2	(3.1)	215.9	(4.1)	41.8

（出所）　大阪中小企業投資育成ホームページ

から4％です（図表6−29）。

(2)　大阪中小企業投資育成

　投資育成3社は毎年「事業報告」を開示しており、決算状況を含む業務内容が開示されています。そのうち大阪中小企業投資育成株式会社は図表6−30のとおりとなっています（2020年3月期、2021年3月期、2022年3月期につき同社ホームページを参照）。

　大阪中小企業投資育成株式会社は、毎年40社から50社への投資を行っているようです。1社当りの投資額は、新規投資でみると30百万円から40百万円、投資残高でみると40百万円から50百万円と計算できます。

　業況面では、2021年3月期事業報告では「投資先企業の業績悪化等により配当金収入が前期より減少した一方、株式売却益は大幅に増加いたしました」という記述がなされ、2022年3月期事業報告では、「投資先企業の業績が回復基調に転じたことから配当金収入が増加し、株式売却益も大幅に増加いたしました」と記述されています。期末投資残高に対する配当利回りは、2020年3月は5.87％、2021年3月は4.91％、そして、2022年3月は5.39％です。投資育成各社は、投資先に対して、投資額の約6％の配当を求め実効があがっているようです。また、毎年上場などで中小企業投資育成から「卒業」する企業もあるのでしょう、「株式売却益」も計上し、株式売却の機会も得ているようです。設立から50年を経て、投資育成各社はきわめて好調な経営状態です。

図表 6－30 大阪中小企業投資育成の事業報告

① 新規投資先件数、金額

（百万円）	2020年3月期	2021年3月期	2022年3月期
件数	52	44	39
金額	1,590	1,705	987

② 投資先数、投資育成株式投資残高 （社、百万円）

	2020年3月	2021年3月	2022年3月
投資先数	1,112	1,150	1,180
投資育成株式投資残高	48,256	54,517	55,122

③ 受取配当金、株式売却益 （社、百万円）

	2020年3月	2021年3月	2022年3月
投資育成株式配当金	2,835	2,676	2,969
投資育成株式売却益	776	2,820	5,967

④ 業況

（百万円）	2020年3月	2021年3月	2022年3月
営業利益	3,670	5,574	6,998
経常利益	2,401	3,513	7,166
税引き後当期利益	2,357	2,829	5,690
総資産	64,723	73,319	78,492
純資産	59,445	66,153	70,921

(3) 「中堅企業に特有の資本面の課題」での中小企業投資育成

「中堅企業に特有の資本面の課題」は、既存の株主が保有す

る株式を譲渡することが解決策につながるとしました。中小企業投資育成の業務は増資の引受けであり、既発行株式の譲受けは行わないとされているので、中小企業投資育成からの出資を受け容れる際に、別途なんらかの既存株式を集約する手立てをとらない限り、既存の株主はそのままに、中小企業投資育成が新たな株主に加わることになります。

　たとえば株式が分散して株主が約50人の個人となり、株主の全体像を把握できなくなっている企業（第2章②「中堅企業の例」のA社の例）が中小企業投資育成からの出資を受け、既存株主のうちの企業が把握し企業に協力的な株主と中小企業投資育成の合計で株主総会の議決権の3分の2以上を確保できるとなれば、「中堅企業に特有の資本面の課題」のうちの「株式の分散」について一応の解決となります。このように、中小企業投資育成から増資を受ける、あるいは、増資と自社株買いなど他の手法を組み合わせることで、一応の解決になる場合があります（図表6−31）。

図表6−31　中小企業投資育成による出資

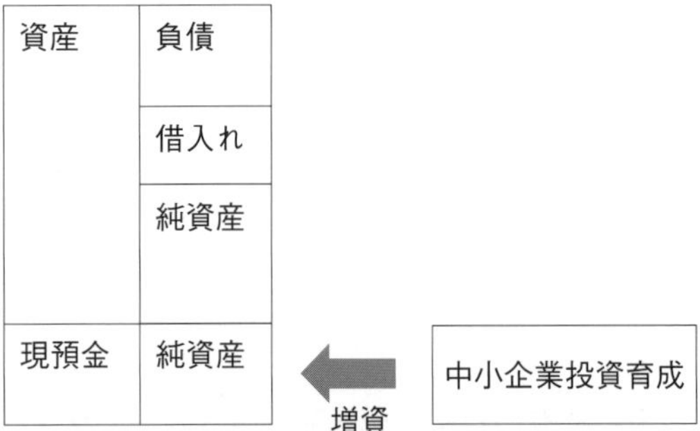

⑷　中堅企業・地域経済・地域金融機関の観点で

　この中小企業投資育成の業務と業況を、これまで述べてきた
「中堅企業」「地域経済」「地域金融機関」の観点でみると以下
がいえるでしょう。

①　中小企業投資育成が行う「保有期間を定めない株式の長期
　　保有」「議決権50％以内での出資」は「中堅企業に特有の資
　　本面の課題」を解決して「独立」を維持するための解決策の
　　一つとなりうる。

②　投資先企業の平均が「年商50億円、税引き後利益率３％程
　　度」、製造業が投資先の過半というのであるから、想定して
　　きた「中堅企業」の分類に合致するであろう。

③　中小企業投資育成は「取得額の６％の受取配当」を得てい
　　るようであり、「年商50億円、税引き後利益率３％」の企業
　　への投資で「投資額の６％」という配当利回りは期待できる
　　水準のようだ。

④　中小企業投資育成の投資先企業の平均である「年商50億
　　円」は中堅企業規模といえようが、一方で、投資先企業の基
　　準である「資本金３億円以下」、そして投資実績の「１社当
　　りの出資額30百万円から50百万円」は、中堅企業向けとして
　　はやや少額のようにも思える。

⑤　「株式長期保有」の趣旨で投資しても、投資先のある程度
　　の数の企業は、上場などで「卒業」し、株式売却に至るもの
　　のようだ。そして、株式売却益は大きい。

⑥　投資残高が相応の規模となれば、配当と株式売却益によっ

て、結果として、毎年「安定的な」利益を得るに至るよう
だ。

⑦　結局、中堅企業に対する「保有期間を定めない株式の長期
　保有」は成り立ちそうだ。

⑧　ただし、PEの利益向上への取組みなどが企業にとり意味
　をもつ局面もあるが、中小企業投資育成にこうした機能を求
　めることはできないようだ。

6　上　場

　第3章⑥「中堅企業の上場」では上場を論じ、中堅企業に
は、上場に伴う規制やコスト、さらには上場企業をめぐる近時
の一連の改革を、「企業の目的とは相いれない」と理解する企
業が出てくるであろうと述べました。

　また、上場企業は、8％以上のROEをコミットすべきとさ
れています。ここでは、ROE8％の意味合いをみていきます。

　本章③「プライベートエクイティファンド」、④「Debt MBO」
で行ったシミュレーションと平仄をあわせて、ここでも、「年
商100億円、税引き後利益率3％の3億円」の標準的な利益率
の企業をイメージします（シミュレーション8、図表6−32）。
本章③「プライベートエクイティファンド」、④「Debt MBO」
では当初の純資産を2,000百万円としましたが、「年商100億
円、税引き後利益率3億円」でROE8％という結果とするた
め、当初の純資産を3,750百万円とします。また、税引き後利

益の30％の額を毎年配当することにします（配当性向30％）。

　ROEの計算式は「税引き後利益÷純資産（ここでは前年末の額を用いています）」であり、純資産の額により求められる利益の水準は異なります。ここで用いた「当初の年商と総資産が100億円、純資産37.5億円」を前提にすると、8％のROEを達成する税引き後利益率は3％、営業利益率は4.6％（1年目）であり、必ずしも高い利益率とはいえないかもしれません。

　しかしながら、利益率が変わらずに推移するとすれば、ROE8％を継続して達成するためには、毎年5.6％での売上高や利益の向上が必要です（前年の純資産額の8％の利益が生じ、そのうち30％を配当とするので、当期には純資産額が5.6％（8％×70％）増加するため）。毎年5.6％成長とは、10年で1.53倍の規模に成長することが求められることを示します。毎年3％成長（これも現在の名目成長率を上回る水準です）の場合には、10年で1.30倍の規模ですから、5.6％成長と3％成長には相応に差があるといえるでしょう。

　利益の一部を内部に留保して純資産が増加した場合にはROE8％維持のために増益が必要になるものですから、純資産が増加しないのであれば、利益が増加しなくてもROE8％の水準は維持できることになります。ここでは配当性向30％と設定しましたが、配当性向をあげ、たとえば、利益の全額を配当として純資産額が増加しないのであれば同額の利益で翌期もROEは8％維持になります。利益成長を見込みにくい「成熟企業では利益は配当に回すべき」という主張は、「利益のうち配当に回さずに企業に残った留保部分も株主に帰属するもので

図表6-32 「年商100億円、税引き後利益率3%の3億円」の標準

単位：百万円	前提	1期	2期	3期
売上げ	10,000	10,000	10,475	10,977
営業損益		461	483	506
経常損益		429	453	478
当期純損益		300	317	335
EBITDA		961	983	1,006
配当		90	95	100
総資産	10,000	10,000	10,475	10,977
純資産	3,750	3,960	4,182	4,416
有利子負債	3,250	3,040	2,818	2,584
営業利益率		4.61%	4.61%	4.61%
税引き後当期利益率		3.00%	3.02%	3.05%
自己資本比率	37.50%	39.60%	39.92%	40.23%
ROE		8.00%	8.00%	8.00%

あり、株主が企業に再投資したもの」という株主主権の立場に立って、「利益成長を見込めないのであるから純資産を増やすべきではなく、利益は全額配当すべき」という考えです。

　倒産隔離や今後の投資などに備え、また、企業は独立の存在であって「利益は企業自身のもの」という考えに立ち、利益の一定程度を留保すると、上場株主からはROE8%達成のために継続的な増収増益が求められ、結局、成熟産業に属する企業にとっては容易に達成できなくなるといえるでしょう。

的な利益率の企業（シミュレーション8）

将来予想

4 期	5 期	6 期	7 期	8 期	9 期	10 期
11,506	12,066	12,656	13,280	13,939	14,634	15,369
531	556	584	612	643	675	709
505	533	563	594	628	663	700
353	373	394	416	439	464	490
1,031	1,056	1,084	1,112	1,143	1,175	1,209
106	112	118	125	132	139	147
11,506	12,066	12,656	13,280	13,939	14,634	15,369
4,663	4,924	5,200	5,491	5,799	6,124	6,467
2,337	2,076	1,800	1,509	1,201	876	533
4.61%	4.61%	4.61%	4.61%	4.61%	4.61%	4.61%
3.07%	3.09%	3.11%	3.13%	3.15%	3.17%	3.19%
40.53%	40.81%	41.09%	41.35%	41.60%	41.84%	42.08%
8.00%	8.00%	8.00%	8.00%	8.00%	8.00%	8.00%

　第3章6「中堅企業の上場」で、上場と企業の目的との関係や上場に伴う負担を論じましたが、上場の意味合いの経営数値への反映であるROE要請の面でも、上場は中堅企業（特に成熟産業に属する製造業の中堅企業）にとって負担が大きいといえるでしょう。

　結局、上場は「成長のためのリスクマネー」を獲得する手法としては有用であっても、「中堅企業に特有の資本面の課題」を解決する手法としては適当か疑問があるといえそうです。

「上場企業の非上場化」が「中堅企業に特有の資本面の課題」の一つの例なのですから、上場が「中堅企業に特有の資本面の課題」を解決する手法の一つとして限界があるのも当然です。

7 銀行の投資専門子会社

金融機関には株式保有に規制があり、銀行とその子会社が合算して他の企業の議決権の5％（銀行持株会社では15％）を超えて取得することが禁止されています。

2021年5月の銀行法改正において、この規制が緩和され、銀行は、投資専門子会社（全額出資）を通じて、ベンチャービジネス会社、事業再生会社、事業承継会社、地域活性化事業会社に対してであれば、期間をベンチャービジネス会社では15年間、その他は10年間を上限に、100％の議決権取得も可能とされました。これは、こうした企業にリスクマネーの需要があることと、地域経済では金融機関が資金提供の鍵となる存在であることによるとされています。

図表6－33　銀行の投資専門子会社

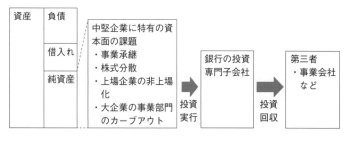

投資先として認められた事業承継会社は中堅規模であれば、「中堅企業に特有の資本面の課題」を抱えることもありうる企業です。

　投資専門子会社による投資は、投資期間の設定があるので、「全株取得という投資形態」、そのため「ハンズオンの経営関与」という特徴に加え、「いずれ出口を迎える」という性格ももちます。そのため、求める利回りや運用期間がPEと同様かどうかは格別、PEと同様の機能と理解できます。

　すると、企業の「独立」の維持を目標とした場合には、投資専門子会社は、PE同様に、必ずしも解決策にはならないといえそうです。

8　従来の手法のまとめ

　ここまで本章③から⑦で示した各手法や制度を、「中堅企業に特有の資本面の課題」を企業の「独立」を維持するかたちで解決するという観点でまとめると以下となります。

(1)　PE

① 利益向上のインセンティブが働くのは望ましい

　そして、利益の向上は大きなものでなくとも意義は大きい

② 「出口」を要し企業の「独立」維持の目標と合致しない懸念がある

③ 投資期間が限られ短期志向になりがちである

④　求める利益率が成熟産業に属する中堅企業にとり高すぎる
場合がある

(2)　Debt MBO

①　企業の「独立」維持に資するものの、よほど実行時の株式
評価が低くないと成立しない
②　外部から株主に加わる者なしに、「会社らしい会社経営」
「社会的存在であることを認識」という要請が担保されるか
疑問も生じる

(3)　中小企業投資育成

①　「50％未満の株式を長期に保有する」という手法であり、
「中堅企業に特有の資本面の課題」と企業の「独立」の維持
のいずれにも資すると見込みうる
②　求める利益水準も充足できそう
③　資本金3億円以下の企業が対象では対象企業が限られるの
ではないか疑問もある
④　株主のハンズオン機能が必要な局面もあるが、中小企業投
資育成に求めることができるか疑問もある

(4)　上　　場

①　上場企業をめぐる近時の一連の改革などで「企業の目的と
相いれない」と解する、また上場に伴う負担を感じる中堅企
業もありうる
②　上場が企業の「独立」維持に資するか疑問もある

③　恒常的な利益成長が求められ中堅企業には達成困難と理解
する企業もありうる

(5)　銀行の投資専門子会社

・PE同様に出口を要し、企業の「独立」とならない懸念があ
る

　このまとめをふまえ、第7章では、解決策としての企業の
「ステークホルダーによる株式長期保有」を構想します（第3
章③(5) c「第3案『一部出資・一部借入れによる資金で株式を譲受
け（ステークホルダーによる株式長期保有)』」は、この構想に該当
します）。

　中小企業投資育成の期限を定めない株式長期保有の機能と、
PEのハンズオン機能を取り込み、企業の「独立」を維持しつ
つ、「利益を確保し競争力を維持向上する」「会社らしい会社経
営」「社会的存在であることを認識する」を担保する体制構築
を目指します。

第 7 章

コア企業の「独立」
──ステークホルダーによる
株式長期保有・独立型出資構想

1 「独立型出資構想」の概要

　前章では「中堅企業に特有の資本面の課題」に取り組む従来の手法をみてきましたが、多くは企業の「独立」を維持するかたちで解決することにはならないものでした。本章では企業の「独立」を維持するなかで解決する手法として、「一部出資・一部借入れによる資金で株式を譲受け（ステークホルダーによる株式長期保有）」（第3章③(5) c ）の構想を述べていきます。この構想をここでは「独立型出資構想」と呼びます。

　「独立型出資構想」は、「中堅企業に特有の資本面の課題」の現れである以下四つの既往の株主の形態を、企業の主導で、「複数の企業のステークホルダーによる株式保有」へ移行することを内容とします（図表7－1）。

図表7－1　独立型出資構想

項目	既往の株主形態		構想する 株主形態	
事業承継	創業家が主要株主			
株式分散	株主が多数に分散して主要株主が不在			
上場企業の非上場化	上場企業で多数株主が存在	の形態から	企業の主導で、「複数のステークホルダーが株主となる」	形態へ移行する
大企業の事業部門のカーブアウト	大企業が株主・大企業の一部門			

- 「事業承継」：「創業家が株式を保有する」形態
- 「株式分散」：「株式が分散して主要な株主が不在となっている」形態
- 「上場企業の非上場化」：「上場企業であり多くの株主が存在する」形態
- 「大企業の事業部門のカーブアウト」：「大企業の事業部門や子会社である」形態

「独立型出資構想」の概要について以下をみていきます。

- 「複数のステークホルダーが株主となる」形態へ移行する「手法」
- 「複数のステークホルダーが株主となる」形態での「企業の姿」
- 「複数のステークホルダーが株主となる」形態での出資としての「リスクマネー供給」
- 「複数のステークホルダーが株主となる」形態の構想で主要株主と予想される「金融機関の株式保有規制」

まず独立型出資構想の概要を述べます。

(1) 「複数のステークホルダーが株主となる」形態へ移行する手法

本章では、代表的な手法として以下を取り上げます。

① ステークホルダーによる受け皿（SPC）組成
- 金融機関を含む対象企業の取引先など10社程度が新株主として出資し株式受け皿企業（SPC）を組成する

② 株式譲渡

図表 7 - 2 「複数のステークホルダーが株主となる」形態へ移行する手法

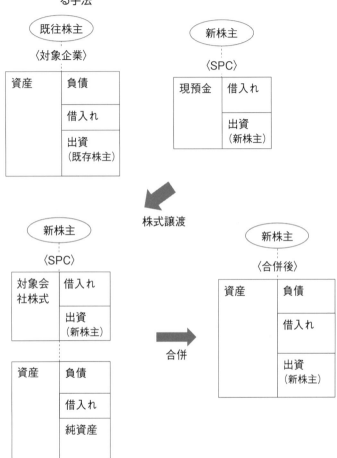

・SPCは、出資と借入れで調達した資金をもって、既存株主が保有する株式全株を譲り受ける

③　対象企業とSPCの合併

・後に対象企業とSPCは合併して、SPCへ出資したステークホルダーは企業の新株主になる

・SPCの株式譲受資金確保のための借入れは、企業の借入れとなる

　この一連の手続の結果、対象企業の株主は既往株主から新株主へかわります。新株主には企業の10社程度のステークホルダーを想定し、過半数を保持する株主を想定せずに、企業は「独立」を維持します。

(2)　「複数のステークホルダーが株主となる」形態での新たな企業の姿

a　取締役・監査役

・従業員出身の取締役と主要株主出身者など社外取締役で取締役会を構成する

・主要株主出身者や公認会計士などが社外監査役に就任する。従業員出身の監査役も加わることもある

b　企業の機関設計

・取締役会設置会社とする

・監査役あるいは監査役会設置会社とする

・会計監査人の設置までは求めないものの外部監査を行う

(3) 「複数のステークホルダーが株主となる」形態での出資としての「リスクマネー供給」

a　株主への配当

・企業は新株主へ出資額の6％程度の配当を行う

b　保有期間を定めない株式の長期保有

・新株主は配当受取りをもって「出口」を求めず、保有期間を定めない長期の株式保有を前提とする

c　出　資　額

・対象企業が受け容れる出資額は合計数億円から数十億円と見込む

(4) 「複数のステークホルダーが株主となる」形態の構想で主要株主と予想される「金融機関の株式保有規制」

a　地域金融機関にとっての意味合い

「独立型出資構想」は地域金融機関にとっては

・金融機関は対象企業の主要株主となり、

・金融機関は10％から33％程度の株式保有もありうる

b　金融機関の株式保有規制緩和

　現在の規制のもとで「独立型出資構想」が成り立たないわけではないものの、株式保有規制の緩和がなされれば、構想の促進につながる。

・金融機関の株式保有は議決権割合3分の1までへの規制緩和

・保有株式のリスクウェイト配慮

・20％を超える議決権保有となった場合でも持分法適用の回避

以下で、上記(1)で述べた「手法」を除く、「企業の姿」「リスクマネー供給」「金融機関の株式保有規制」を項目ごとにみていきます。

2　「独立型出資構想」での出資・株主
──企業の姿(1)

(1)　株主の性格

a　企業の理念を受け容れる株主

　対象企業が「企業の目的」を追求し「独立」を維持することが可能な体制を構築して、地域にとどまることにつながることが目標です。

　株主には「企業の理念」を共有する者を迎え入れます。上場すると「企業は株主を選ぶことはできない」とされますが、ここでは、企業が株主を選び迎え入れるものです。創業時には「企業は創業者のもの」であったところ、上場によって「企業は株主のもの」「企業は機関投資家のもの」と転じるのではなく、企業は「独立」のもと、創業以来の「企業の理念」を引き続き経営目標として、事業承継などの「中堅企業に特有の資本面の課題」などを乗り越えて成長するため、株主として「企業の理念」を共有する「リスクマネー供給者」を招き入れます。

b　企業に依存しない株主

　とはいえ、新株主（少なくとも主要な株主）には、企業に対して、ある種の牽制や監督の機能も期待したいところです。こ

の機能を果たすためには、企業が選んだ株主ではあっても、「企業の理念」を受け容れることに加え、「利益の確保と競争力の維持」「会社らしい会社経営」「社会的存在であることの認識」を理解する存在であることが期待されます。企業への経済的依存度が高い者ばかりで株主が構成されているのでは経営者への牽制は働かないので、企業への経済的依存度が高くはなく、独立した判断が可能で、経営に対して盲目的ではない者が主要株主となることが必要です。

(2) 株主の数

創業以来の既存株主で生じた相続などによって株主が分散し、企業は株主の全容を把握ができない、また、株主数が多すぎ株主に株主としての意識もなく株主総会の招集や運営に支障が生じるといった事象が中堅企業に特有の資本面の課題の一つでした。企業からみて株主を把握でき、また実効ある株主総会や株主懇談会を開催できる株主数としたいところです。

それは、各株主が出資先企業に対して常に関心をもつほどの出資比率（低い出資比率では「つきあいでの株式保有」になりがちで関心をもつに至らない。金融機関の上場企業に対する政策投資が例）であって、また、企業が株主として配慮を要する出資比率ということでもあります。

株主は、企業からみて、あるいは株主相互で、見知った関係を維持し、実のある株主総会や株主懇談会が開催できる数が望ましく、中堅企業で出資額が数億円から数十億円であれば、株主の数は10社（人）程度が上限でしょう。

(3)　出資（議決権）比率

a　特別決議を避ける、過半数を避ける比率

・企業の「独立」の維持

と、

・「会社らしい会社経営」「社会的存在であることの認識」のため経営者による独断専行が生じないよう、取締役会やその背景の株主総会の牽制機能を期待する

という、二つの要請を満たすためには、株主数を10名程度と比較的少数とすることとともに、単独で過半数を保有する株主は存在しないことが望ましいでしょう。単独で特別決議を否決できる比率も避けたほうが望ましいともいえ、筆頭株主でも議決権比率は3分の1未満とすることが無難でしょう。

b　多数派工作で過半数確保ができる比率

　「筆頭株主でも議決権比率は3分の1未満」とする一方で、中堅規模の企業であり、企業として遅滞なく意思決定がなされることは重要です。株主は企業の理念を共有する存在なので意見の不一致が生じる事態はまれとは思いますが、それでも、時に、不一致が生じるかもしれません。企業と社外取締役、企業と株主、株主相互間で意見が割れなかなか集約できない事態が生じたとしても、全会一致は諦めて、決をとって進むことが必要な場面もあるでしょう。そこで、取締役会や株主総会で、単独では過半数ではないが、取締役数名で取締役会の過半数確保になる、株主数名で株主総会の過半数確保になる（3分の2確保になる）というメドが立つことにも意味があるよう

に思います。

　取締役会や株主総会での過半数（あるいは3分の2）確保の
道があると計算できることは、なんらかの不正が生じた場合な
ど、社内の内部通報を誘引することにもつながります。

c　自社株買いで脱退ができる比率

　株主は企業が企業の目的を共有すると判断して迎え入れた者
ですが、それでも、企業の経営路線をめぐってなど、企業と株
主との意見が対立することもあるでしょう。上記のように、企
業側にとっても株主側にとっても多数派工作で過半数（あるい
は3分の2）確保も可能な株主構成とすれば、紛議はなんらか
の決着（企業の事業譲渡などの組織再編の決定、代表取締役や取締
役の解任など）に至るでしょうが、その結果、あるいはその他
なんらかの事情で、株主が株式を手放し企業から離れたい状況
も想定できます。

　その場合でも企業の「独立」維持を目標とすると、株式が企
業の望まない第三者の手に渡ることなく処理されることが必要
です。企業が適当な株式譲受け先を紹介できればよいのです
が、そうした候補がなかなか見出せない事態も想定すると、結
局、自社株買いで処理したいところです。

　自社株買いには会社法が規定する財源規制があり「分配可能
額」が上限となります。自社株買いの対象が分配可能額の範囲
内にとどまることが望ましく、この点でも、筆頭株主の比率が
3分の1未満といった水準が無難といえるでしょう。

　以上と株主数が10社（人）程度であることをふまえると、出
資（議決権）比率は、

① 各株主は数％から30％程度を保有

② 主要株主5人程度は10％以上を保有して主要株主で合計70％から80％を保有

③ その他株主で合計20％から30％を保有

といった構成になろうかと考えます。

(4) 株主候補

a 創業家系

創業家や創業家系の資産管理会社・財団法人が候補です。

事業承継や株式分散を中堅企業に特有の資本面の課題の例としましたが、「創業家系」が株主に残ることは考えられ、中堅企業の継続的な株主候補の一つです。上場企業においては創業家系の資産管理会社や財団法人が上位株主に位置する例は数多く存在しますが、企業が安定的に配当を期待できる存在となれば、非上場であっても、株式の継続保有は選択肢として成り立つでしょう。

b 取引先事業会社

取引先企業も候補です。ただし、下記(5)に述べるように、出資額が数千万円から数億円となることを考えると、下請けとなる小企業ではむずかしく、取引先である大企業あるいは中堅企業のなかに候補があるかどうかになろうかと考えます。

c 従業員持ち株会

役員持ち株会や従業員持ち株会も候補です。ただし、非上場を前提とするので、持株会の運営にむずかしい面はあるでしょう。

d　取引先金融機関

　取引先事業会社や従業員持ち株会が現実的にはなかなかむずかしいとなると、株主としての期待はどうしても金融機関になります。銀行のほか生損保やリース会社などのノンバンクも候補ですが、やはり銀行が候補の筆頭であり、特に地域では地域金融機関への期待となろうかと思います。

　第5章で、「企業には金融機関への忌避感がある」と「金融機関は相応の信頼を得ている」の両方を述べました。「忌避感」と「相応の信頼」のどちらになるか、その結果、株主候補となるかどうかは、金融機関の企業との日頃の取引関係を背景とした企業の選択次第です。

　そして、主要株主は10%以上の出資（議決権）比率の株式保有となること、および、主要株主には金融機関が期待されることから、10%から30%程度の出資（議決権）比率を可能とする株式保有規制の緩和を求めたいところです（本章⑤）。

⑸　出　資　額

a　中堅企業のリスクマネー必要額

　中堅企業には「成長に向けた投資でのリスクマネー」と「中堅企業に特有の資本面の課題を解決するためのリスクマネー」の需要があるとしました（第3章④）。このうち、「中堅企業に特有の資本面の課題」に取り組むためのリスクマネーでは、製造業を念頭に、年商数十億円から数百億円の中堅企業の企業（事業）価値は、数十億円から数百億円であろうと予想し、企業（事業）価値から有利子負債額を差し引いた株式価値は数億

円から数十億円としました。そこで、リスクマネー必要額は数億円から数十億円と予想できます（第3章⑤(3)）。

第6章④以降のシミュレーションにおいては

① 「年商100億円・税引き後利益3億円・純資産20億円・有利子負債50億円」の企業を「企業（事業）価値70億円、株式価値20億円」と評価して、「出資20億円、借入れ50億円」の資金調達で譲り受ける。

② 「年商100億円・税引き後利益5億円・純資産50億円・有利子負債20億円」の企業を「企業（事業）価値90億円、株式価値70億円」と評価して、「出資24億円、借入れ66億円」の資金調達で譲り受ける

としました。出資額がリスクマネーですから、必要額は20億円から30億円です。

また、時に大規模な投資のために「成長に向けた投資のためのリスクマネー」の必要が生じることもありますが、大規模な投資といっても年商の数十％の金額（年商100億円の企業であれば20億円から30億円）でしょうから（第2章⑥(2)b）、リスクマネーの必要額は、そのうちの30％から50％（年商100億円の企業による20億円から30億円の投資であれば必要となるリスクマネーは数億円から10億円程度）と予想できます。

結局、中堅企業が必要とする出資（リスクマネー）額は数億円から数十億円と予想できます。

b 各株主の出資額

株主となる10社（人）程度でこの金額をまかない、主要株主が10％から30％の比率となる株主構成とすると、各株主の出資

額は数千万円から数十億円となります。

　年商100億円の企業への出資額は20億円から30億円で、筆頭株主の議決権比率30％とすれば出資額10億円となり、主要株主では数億円、下位の株主では数千万円の出資となります。

　なお、中堅規模企業に対する出資額を数千万円から数十億円としましたが、数十億円とは20億円から30億円といった金額を想定しています。70億円から80億円の出資額を要する案件は多くはないだろうと予想します。

(6)　株主の役割

　前述のとおり、株主は企業に招かれた存在ながら、企業からの独立を保ち、経営に盲目的な姿勢ではなく、「会社らしい経営」「社会的存在であることを認識する企業」に意を用い、「利益を確保して競争力を維持すること」を「企業の活動自体が企業の目的」という企業の理念に合致すると理解する存在であることが望まれます。

　この株主への期待と株主数が10社内外と多くはないことから、各株主には主体的な取組みが求められ、株主の役割、特に主要株主の役割が導かれます。

a　平時は企業の理解に努める

　株主は企業の理念を共有するとはいえ、企業と共同で事業を営むわけではなく、企業を支援してその行動をモニタリングする立場、また、純粋にリスクマネーを提供するだけでなく、ノウハウや人材を提供して必要に応じハンズオンで支援する立場と位置づけられます。

株主の役割は、企業が順調に経営されているのであれば、企業の理解に努め、可能な支援を提供することになります。そのため、会社法が定める計算書類や事業報告にこだわらず社内の情報収集と課題の把握に努めることが望まれます。取締役会その他の社内会議での企業の把握や業務上のテーマの認識などが重要です。

b　なんらかの事態では行動する

ア　経営の方向性で

　事業構造の行方や業況の推移などについて、独立した盲目的ではない存在として、早めの発信は株主の役割です。果断な判断が求められる場合にそれを促す存在であることも期待されます。

イ　不祥事などで

　不祥事などの際に、内部通報を受ける、取締役会や株主総会でなんらかの多数派工作に動くといった役割もありえます。

ウ　経営不振の際に

　業況が低迷し構造的な課題が内在すると判断できる場合など、時に、事業再編を促す、あるいは、他社との統合を促すなど、企業の「独立」維持にはこだわらず、他社との提携での事業存続がむしろ「企業の理念」に合致するという判断を提起することも期待されます。

c　社外取締役を派遣する

　こうした役割のため、株主出身者が取締役に就任することが考えられます。

「独立型出資構想」での機関設計・役員構成
——企業の姿(2)

　年商数十億円から数百億円で従業員数が数十人から数百人の中堅規模の企業を念頭に企業の機関設計や役員構成を構想します。

⑴　株式の譲渡制限など

　「独立型出資構想」の中堅企業は非上場企業であり、株主は企業が「企業の理念」を共有する者として迎え入れる者としますから、すべての株式に譲渡制限の規定を定める株式譲渡制限会社（非公開会社）でさしつかえないでしょう。

⑵　機関設計

a　取締役会の要否

　「独立型出資構想」の中堅企業は、株主数10社（人）内外で支配株主が存しないことを想定しますから、株式の譲渡制限を規定する非公開会社であっても所有と経営は分離したものと理解されます。株主総会での意思決定は最小限に限定して経営は取締役に委ねることでさしつかえないものの、企業の意思決定を慎重なものとすることは必要であり、取締役会の設置が必要でしょう。

b　監査役（会）の要否

　株主による直接的な監視・監督でなく株主にかわる監視・監督は必要であり、監査役（会）を設置することが必要でしょ

う。

c　会計監査

「会社らしい会社経営」を目指すので、外部監査は求めたく、機関設計として会計監査人までは求めないものの、任意の監査法人による外部監査を導入することは必要でしょう。

d　監査役（会）・監査等委員会・指名委員会等設置会社

構想は中堅企業であり大規模企業ではないので、重装備の機関設計は必要なく、また、取締役会で意思決定を行うことで業務上の支障はないと思われるので、監査等委員会設置会社や指名委員会等設置会社ではなく監査役（会）設置会社でさしつかえないでしょう。

e　監査役（会）設置会社

監査役設置会社か監査役会設置会社かは企業の規模に応じ判断することになろうかと考えます。

f　機関設計

以上から、機関設計は以下となるでしょう。

・取締役会設置会社

・監査役（会）設置会社

・社外監査役導入

・外部監査導入（会計監査人設置は求めない）

(3)　役員構成

a　取締役会の構成

株主による経営への牽制や監督のため、主要株主出身者を中心に社外取締役は有用と考えます。そして、相互の情報交換の

必要性や内部通報などの受け皿の機能もあり、社外取締役は複数選任が望ましいといえます。しかしながら、株主は平時には企業を理解し可能な支援を提供する立場ですから、取締役会で慎重な判断がなされるのであれば、企業側といえる創業家や従業員出身者が取締役会の過半数を占める構成でさしつかえないでしょう。

取締役の人数は、合計で5人から7人、うち社外取締役は2人から3人となるでしょうか。

b　監査役（会）の構成

上記のように、大企業に該当しない場合には監査役会は設置せず、監査役設置会社として社外監査役を含む監査役を選任することにします。年商数十億円規模であれば社外監査役の1名のみでさしつかえないように考えます。

4	「独立型出資構想」でのリスクマネー供給 ——配当水準など

「独立型出資構想」では、リスクマネーである出資へのリターンとして、企業は出資額の6％を配当することを構想します。株式長期保有を前提に、配当の水準などについては、出資を受け容れる企業側の事情と出資を行う株主側の事情があります。そのいくつかをみていきます。

(1) 資本コスト

a　資本コストの認識

　資本コストが論じられます。資本コストとは企業が資金を調達するコストで、借入れによる調達での負債コストと株式による調達での株主資本コストで構成され、資本コストは、株主資本コストと負債コストの加重平均とされます。

資本コスト（加重平均コスト）

＝株主資本コスト×株主資本／（株主資本＋有利子負債）

　　＋負債コスト×（1－実効税率）×有利子負債／（株主資本＋有利子負債）

（株主資本＝株式の時価総額）

　上場企業に対しては、コーポレートガバナンスコードや2014年の経済産業省「持続的成長への競争力とインセンティブ〜企業と投資家の望ましい関係構築〜」プロジェクト最終報告書（伊藤レポート）において、「株主に対しては株主資本コスト以上のリターンを創出しないと株主価値を創造できない」「中長期的に株主資本コスト以上のROEを上げることが資本主義の大前提」とされ（伊藤レポート）、「自社の資本コストを的確に把握した上で、収益計画や資本政策の基本的な方針を示す」ことが求められています（コーポレートガバナンスコード）。こうして、資本コストは企業や投資案件を評価する際の指標として用いられ、企業には資本コストを認識したうえでの利益水準が

求められ、ROEなどの指標設定への反映が求められるとします。

　負債コストは借入れや社債への支払金利であり、株主資本コストは株主が求める期待収益率で過去のデータの平均値などから算出される推計値などと説明されます。株式からの収益は配当と株価上昇（キャピタルゲイン）です。そして、株主資本コストの水準について、伊藤レポートでは、

「資本コストは、市場が期待する収益率であるが、絶対的な定義は無く、妥当な資本コスト水準については議論が分かれる。一つの参考として、日本株に対して、国内外の機関投資家が求める株主資本コストにかなりのばらつきがあること、**平均的には7.2%（海外）、6.3%（国内）**を想定しているとの調査結果がある」

との記載があります。また、生命保険協会が2018年に企業に対して行った「株主資本コストを算出しているか」という調査では、

「１％刻みでの回答を求めたところ、回答企業では自らの株主資本コストを『６％台』と認識する企業が最も多い」（生命保険協会「企業価値向上に向けた取り組みに関するアンケート　集計結果一覧（2018年度版）」）

という結果とのことです。

　「絶対的な定義」はない「推計値」ですが、６％程度はメドになりそうです。

b　「独立型出資構想」では

　企業には資本コストを認識したうえでのROEなどの収益面

の指標設定を求めるという議論は、

① 株主主権を前提に、

② 投資の対象となった企業の利益は、配当であれ内部留保であれ、すべて投資家である株主に帰着するものという理解に立って、

③ 投資家は企業の利益の還元である配当と、企業の利益の蓄積である内部留保や企業の将来予想をも反映した株式売却益の合計で投資のリターンを得るところ、

④ 投資家が投資により満足を得るためには、投資対象となる企業はどの程度の利益を生み出す必要があるかの指標が資本コストであり、

⑤ 企業には指標である資本コストを上回る利益が求められるとするものです。

ところが、「独立型出資構想」では、

① 企業は「企業活動自体を企業の目的とする」存在であって、

② 企業経営者は株主の利益の極大化を目的として経営するのではなく、

③ 株主主権に立つわけではない

としました。

そして、株主は企業の理念などの企業の姿を受け容れて株主となったものであり、株主とはいえ企業を支配する意図（主権者である意図）はないと想定しています。出資の対象である「独立型出資構想」での中堅企業は、その資本コストを議論する対象ではないといえます。

⑵　出資の商品設計

「独立型出資構想」での株式については以下を構想しました。
・企業は株主に対して出資額の６％の配当を行う
・株主は期限を定めず株式を長期に保有する

　「期限を定めず長期に保有する」としたわけですが、「独立型
出資構想」は、「出口（譲渡)」について特に述べてはおらず、
長期保有を前提としつつも、「出口」がまったくないわけでも
ありません。先に「自社株買いで脱退できる」を述べました
が、「出口」が企業との路線をめぐる意見の相違の果ての自社
株買いに限るわけではなく、非上場を継続するつもりであった
がなんらかの事情で上場へ進み株式を市場で売却することに至
ることもあるでしょうし、他の上場企業と統合して上場株へ転
換することがあるかもしれません。

　上場に至った場合には譲渡価額は「時価」になりますし、上
場企業と統合して上場株に転じた場合にその後は現状「時価」
評価となります。また、第三者への譲渡や自社株買いでも「時
価」での取引となります。第三者への譲渡では、譲受人の性格
によっては引き続き取得額の６％の配当を望んで、譲渡人であ
る株主の当初出資額での譲渡を希望することも予想できます
し、自社株買いでも企業は安く買い取ることを希望するでしょ
う。株主としては、このように、思いのほかに低い価額で譲渡
する場合もあるでしょうし、一方で会社法は、「自社株買いで
譲渡価額が株主と企業との間でまとまらなければ、裁判所が価
格を決定する」とし、「価格決定に際しては、裁判所は企業の

資産状態その他一切の事情を考慮する」と規定しますから、結局、譲渡価額は「時価」となる可能性もあるものと予想します。

　また、中小企業投資育成は株式長期保有を業務とし、出資額の６％程度の配当を得ていると推定できますが、中小企業投資育成の決算書をみると毎期「株式売却益」が計上されています。同社においても出資額を上回る「時価」での「出口」がなされていると見込むことができるでしょう。

　これらから、企業の業況次第では、配当がなされない場合や倒産に至り出資額全額の償却を要する場合もあるものの、「出資額の６％の配当を行う」とすれば「独立型出資構想」の株式は

「毎年出資額の６％の配当＋α」

の利益をもたらす商品設計といえます。

⑶　中小企業投資育成の例

　第６章⑤に記載したように、中小企業投資育成は、出資額の６％程度の配当を得ているものと推定でき、株式を長期に保有する業務を長年行っています。対象企業の平均は年商50億円程度、税引き後利益率３％程度とのことであり中堅企業と分類できる企業も多いようです。中堅企業の多くは出資額の６％の配当を実施して経営可能であることを示唆するものであり、配当水準の参考になります。

⑷　株主側の会計

　「独立型出資構想」では株式は非上場株であり、株主におい
て会計上は、株主の子会社にも関連会社にも該当せず、また、
短期的な売買を目的としない株式になります。また、会計上は
「時価を把握することはきわめて困難」と分類されるでしょう
から、株式は取得額で評価され、企業の財政状態の悪化によっ
て株式の実質価額が50％以上低下したときに減損処理をする扱
いになるでしょう（金融商品に関する実務指針）。

　対象企業の業況が順調であれば簿価の6％の配当が計上され
ます。

⑸　株主である上場企業、特に金融機関にとって

　⑴で述べたように、出資を受ける企業は、自らの資本コスト
を意識して資本コストを上回る利益をあげなければならないと
いう上場企業類似の立場ではないわけですが、株主の中心は上
場企業、特に金融機関になると予想しますから、株主である上
場企業、特に金融機関の事情は理解する必要があるといえま
す。

a　政策保有株式

　上場企業が政策保有株式として上場株式を保有することには
批判が多く、コーポレートガバナンスコードでは、
「毎年、取締役会で、個別の政策保有株式について、保有目的
が適切か、保有に伴う便益やリスクが資本コストに見合ってい
るか等を具体的に精査し、保有の適否を検証するとともに、そ

うした検証の内容について開示すべきである。上場会社は、政策保有株式に係る議決権の行使について、適切な対応を確保するための具体的な基準を策定・開示し、その基準に沿った対応を行うべきである」

とされています。これを受けて、特に多くの金融機関では以下のような方針を定めています。

・保有の合理性が認められる場合を除き、原則として政策保有株式保有しない
・保有の合理性が認められるとは、中長期的な視点も念頭に、保有に伴うリスクやコストとリターン等を把握して採算性を検証し、取引関係の維持・強化などの保有のねらいを総合的に勘案して自らの企業価値の向上につながると判断できる場合をいう
・定期的に保有の合理性を検証する
・株主総会では議決権を行使し、保有先の中長期的な企業価値向上の観点で議案ごとの賛否を判断する

「独立型出資構想」では、株主が出資により取得するのは非上場企業株式であり、「上場企業が上場企業株式を純投資目的でない目的で保有する」と定義する政策保有株式には該当しないとされる可能性はあります。それでも、株主として政策保有株式に関する議論を意識する企業（特に金融機関）はあるでしょう。「独立型出資構想」での株式保有が株主各社（各行）の政策保有株式方針に合致することは望ましいところです。

b　株主の資本コスト

株主のうち、自身が上場企業である金融機関は自らの資本コ

ストを意識することになります。金融機関は、他の上場企業と同様に、自らの株主資本コストを「6％程度」と認識している可能性もあり、また、上場金融機関のPBR（株価純資産倍率）は1未満が多いので、6％よりは高い水準と認識している可能性もあります。いずれにせよ、金融機関では加重平均資本コストを考える際の「負債」は「預金」です。加重平均資本コストを算出する際の負債比率は相当に高い水準にあり、預金金利の影響を大きく受けるところです。

c　リスクアセット

国際合意（直近はバーゼルⅢ）を背景に、金融機関には自己資本比率規制が課されており、資産に与信リスクの程度に応じたウェイト付け（リスクウェイト）をすることで求められる数値であるリスクアセットを分母に、普通株式や内部留保・優先株式などをルールに基づき計算される数値で計算されるコア資本を分子として計算される自己資本比率についての規制があります。バーゼルⅢでは株式のリスクウェイト引上げが合意され、国際統一基準行に対しては2023年3月末から、国内基準行へは2024年3月末から順次引き上げられ最終的には250％となるとの金融庁方針が示されています。

5　「独立型出資構想」と金融機関の株式保有規制

本章②（③、④）で述べたように、「独立型出資構想」では株主候補に金融機関が期待され、特に地域に所在するコア企業

にとっては地域金融機関への期待が大きいと予想できます。株主数や出資額を勘案すると主要株主には10％以上の出資（議決権）比率を期待されますから、主要株主となる地域金融機関に対しては30％程度までの出資（議決権）比率が望まれることもあるでしょう。

　一方、銀行法や独禁法には金融機関の株式保有を規制する、いわゆる、「５％ルール（銀行持ち株会社の場合の15％ルール）」があります。ここでは、「独立型出資構想」に立ってこの規制を検討します。

　また、20％以上の出資となると「連結子会社や持分法適用会社」という会計上の論点も生じます。その他の論点を含めみていきます。

(1)　金融機関の株式保有規制

a　５％ルール

　銀行法は、銀行とその子会社の合算で５％超の議決権保有を原則禁止とし、また、銀行持ち株会社では、持ち株会社とその子会社の合算で15％超の議決権保有を原則禁止します。ただし、担保権の実行により取得した株式や、合理的な経営改善計画に基づくデット・エクイティ・スワップ（DES、貸出債権の株式への振替え）の場合などを例外としています。また、独禁法は、銀行が５％超の議決権保有を原則禁止します（銀行単体での保有規制）。ただし、ここでも、担保権の実行やDESなどにより取得した株式（１年超は承認が必要）などを例外としています。

5％ルールは、銀行による産業支配の懸念・利益相反・銀行経営への株価変動リスクなどの観点で設けられたものですが、金融機関によるベンチャー企業や中小企業の育成や事業再生支援でのリスクマネー供給の必要性が認識されて、5％ルールの緩和の議論がなされてきました。その結果、2021年の銀行法改正により、銀行は、投資専門子会社（全額出資）を通じて、ベンチャービジネス会社、事業再生会社、事業承継会社、地域活性化事業会社に対してであれば、議決権比率100％の出資も可能になりました。

　しかしながら、2021年銀行法改正でも、出資の期間については、ベンチャービジネス会社では15年間、その他は10年間と、なお、上限が定められています。

b　株式保有の例

ア　政策保有株式

　政策保有株式は、銀行法や独禁法だけでなく、近時はコーポレートガバナンスの観点でも取り上げられていますが、おおむね、上場企業株式を保有の対象とした議論といえます。第5章①(2)ｂで述べたように、従来から地域金融機関でも取引先の要請に応えて政策保有株式を保有する例はあるものの、当然ながら、株式持合いが盛んであった時代でも、メガバンクほどに上場企業株式を保有することはありませんでした。近時、保有はさらに減少しています。

　また、地域金融機関は、取引先の非上場株を保有する例はあるものの、そもそも株式保有の需要は少なく、保有先数・金額ともに大きな規模ではないでしょう。

イ　DES

　一方、ここ20年ほどで取り組んできた事業再生（特に中堅企業に分類できる企業での事業再生）ではDESが活用されてきました。DESとは貸出債権の株式への振替えを意味し、事業再生において、税務や法務の面での要請もあって、債務免除に加えて（あるいは債務免除にかえて）行われます。金融機関は、貸出債権を現物出資することで（または、金融機関が現金による増資払込みを行い、同時に、増資と同額の貸出返済を受けることで）、貸出債権者から株主へ転じます。再生債務者は、上場企業の場合も非上場企業の場合もあります。DES実行の結果、５％を超える普通株保有となることは規制上可能なところですが、筆者の経験では、転換後の株式は無議決権株にとどめる制度設計（議決権ある普通株への転換権は付与するものの）とする例が多いものと記憶します。

c　独立型出資構想で

　「独立型出資構想」は、地域に所在するコア企業に対して、「金融機関本体で期限を定めず長期に株式を保有する」ことを内容とし、「金融機関が10％から33％の議決権比率を有する出資もありうる」とします。2021年の銀行法改正後でも、株式保有期間には、10年から15年という上限が定められていますから、なお「独立型出資構想」の内容を充足しないことになります。

　15％保有が可能な銀行持ち株会社のほかに、コア企業のための有力な株主候補が登場するのであれば、株主候補がそろい、「独立型出資構想」は成り立ちますから、2021年改正後の現在

の規制のもとでは構想はまったく成り立たないというわけではありません。とはいえ、やはり、銀行本体での期限を定めない株式保有について規制の緩和を望みたいところです。緩和の内容は、「対象企業を非上場企業に限り、議決権比率は3分の1を上限とする」といったものでさしつかえないところです。

(2) 連結子会社・持分法適用会社

また、「独立型出資構想」において金融機関の株式保有が20％以上の水準となれば、出資先企業が、金融機関にとって会計上の連結子会社や持分法適用会社に該当するかどうかも論点になりえます。

(3) 株式保有総額の規制

2004年以降銀行が保有できる株式時価総額は自己資本の範囲内に制限されています。ただし、非上場株式は、DESで取得した株式などとともに対象とならないとされているところ、「独立型出資構想」での出資は原則として非上場企業を対象とするものと想定します。

(4) 大口信用供与等規制

銀行には大口信用供与等規制が課せられています。大口信用供与等規制とは、銀行が単体およびグループで行う、ある受信者グループに対する信用の供与等の額を、原則として自己資本の額の25％以下とするという規制であり、信用供与の内容には貸出に加え出資なども含まれます。「独立型出資構想」では、

出資と貸出の合計でこの規制をとらえる必要があります。

6 構想の意義、構想の可否

　ここまで、構想を実現する「手法」について受け皿企業（SPC）組成や合併といった手順を、構想実現後の「企業の姿」について機関設計や出資構成・役員構成などガバナンス体制を、構想実現に必要な「リスクマネー」について資金の性格と利回り・出口の見込み・出資先企業に対する発言権などの商品設計を、そして、金融機関の株式保有規制について述べてきました。

　主要株主となることが期待される地域金融機関にとっては、これらに加えて、「独立型出資構想」の取引上の意義として、さらに、以下を認識できます（第8章参照）。

・地方創生の鍵であるコア企業に該当する中堅企業が「独立」を維持して自らが営業基盤とする地域に存続することに資するものであり、地域金融機関の役割に合致すると理解できる

・中堅企業との実のある取引関係の構築は地域金融機関の経営課題であるところ、取引関係の維持・強化を目指す有効な手法になる

　ここまで述べた事項がすべてそのまま充足されるわけではなく、また、すべてが充足されなければ構想を実行できないわけでもないでしょうが、これらがおおむね充足されるのであれば、多くの金融機関の政策保有株式の方針にも合致しそうです。

企業として構想に基づく出資を受け容れ可能か、地域金融機関などは構想に基づく出資が可能か、個社ごとの判断へ進むことができるものと考えます。

---

7 シミュレーション(1)
──標準的な収益力の企業

これらをふまえて、以下でシミュレーションを行います。企業が「6％配当」を実施することが可能かを検証し、また、PEとの違いや「独立型出資構想」の意味合いを理解します。ここでも、第6章と同様に、第2章⑥(1)で提示した標準的な収益力の中堅企業の財務状況をもとにします。

(1) 税引き後利益率3％企業のシミュレーション

「独立型出資構想」実現には、本章①(1)で示した「ステークホルダー10社程度が新株主として出資し受け皿企業（SPC）を組成する」「SPCは、出資と借入れで調達した資金をもって、既存株主が保有する株式全株を譲り受ける」「対象企業とSPCは合併して、SPCへ出資したステークホルダーは企業の新株主になる」という手法をとるものとします。

税引き後利益率3％の企業について
・「総資産100億円、純資産20億円、有利子負債50億円」の企業を、
・「企業（事業）価値70億円、株式価値20億円」と評価とします。

・新株主（複数）は20億円の出資でSPCを設立します。

・SPCは「出資20億円、借入れ50億円」の資金調達で対象企業を譲り受け、

・新株主傘下で「純資産20億円、有利子負債50億円」でスタートする

ものとします（図表7－3）。

　ア　業況の想定

・売上高：100億円

・税引き後利益率：3％

・有利子負債金利：1％

・2期以降、借入減少に伴う金利負担減少分の利益向上

・減価償却と同額の投資を毎期実施し、毎期当期利益から配当を差し引いた額を借入返済

　イ　配当

　出資額（20億円）の6％である120百万円の配当実施

　この業況や貸借対照表の実行当初の数値は、配当を除き、第6章③(5)のシミュレーション1と同一です。

図表7－3　税引き後利益率3％企業

〈既存株主出資の対象企業〉

資産 100億円	負債30億円
	借入れ50億円
	純資産20億円 （既存株主）

〈新株主出資の対象企業〉

資産 100億円	負債30億円
	借入れ50億円
	純資産20億円 （新株主出資）

a　業況が横ばいの場合（シミュレーション9）

　図表7-4が新株主傘下で従来の業況が横ばいとしたものです。

　毎年120百万円の配当を実施して、有利子負債は5年間で約9億円、10年間では約19億円減少します。

　このシミュレーションから、「税引き後利益率3％、年商100億円で出資20億円、当初借入れ50億円」という業況と出資・借入れの組合せであれば、業況が横ばいであっても配当6％を実施したうえで借入れの返済も進み、出資後数年経過すれば仮に大きな投資機会が生じても取組み可能な財務内容と理解で

図表7-4　業況が横ばいの場合（シミュレーション9）

単位：百万円	想定業況	出資実行	1期	2期	3期
売上げ	10,000	10,000	10,000	10,000	10,000
営業損益	479	479	479	479	479
経常損益	429	429	429	430	432
当期純損益	300	300	300	301	303
配当			120	120	120
総資産	10,000	10,000	10,000	10,000	10,000
純資産	2,000	2,000	2,180	2,361	2,544
有利子負債	5,000	5,000	4,820	4,639	4,456
税引き後当期利益率	3.0%	3.0%	3.0%	3.0%	3.0%
自己資本比率	20.0%	20.0%	21.8%	23.6%	25.4%
ROE			15.00%	13.82%	12.81%
配当＋金利			170	168	166

きます。

　また、配当額を一定としているため、借入れの減少に伴い支払金利も減少することから、配当と支払金利を合計した社外流出は毎年減少していきます。

b　3％成長の場合（シミュレーション10）

　図表7－5が、新株主傘下での業況を利益率は変わらぬまま、業容が拡大し、売上高と営業利益額がともに毎期3％成長するとした場合です。

　この業況や貸借対照表の実行当初の数値は、配当を除き、第6章③(5)c（シミュレーション2）と同一です。

将来予想						
4期	5期	6期	7期	8期	9期	10期
10,000	10,000	10,000	10,000	10,000	10,000	10,000
479	479	479	479	479	479	479
434	436	438	440	441	443	445
304	305	306	308	309	310	312
120	120	120	120	120	120	120
10,000	10,000	10,000	10,000	10,000	10,000	10,000
2,728	2,913	3,099	3,287	3,476	3,666	3,858
4,272	4,087	3,901	3,713	3,524	3,334	3,142
3.0%	3.1%	3.1%	3.1%	3.1%	3.1%	3.1%
27.3%	29.1%	31.0%	32.9%	34.8%	36.7%	38.6%
11.94%	11.19%	10.52%	9.93%	9.40%	8.93%	8.50%
165	163	161	159	157	155	153

図表7-5　3％成長の場合（シミュレーション10）

単位：百万円	想定業況	出資実行	1期	2期	3期
売上げ	10,000	10,000	10,000	10,300	10,609
営業損益	479	479	479	493	508
経常損益	429	429	429	445	461
当期純損益	300	300	300	311	323
EBITDA			979	993	1,008
配当			120	120	120
総資産	10,000	10,000	10,000	10,300	10,609
純資産	2,000	2,000	2,180	2,371	2,574
有利子負債	5,000	5,000	4,820	4,629	4,426
税引き後当期利益率	3.00%	3.00%	3.00%	3.02%	3.04%
自己資本比率	20.00%	20.00%	21.80%	23.02%	24.27%
ROE			15.00%	14.28%	13.62%
配当＋金利			170	168	166

　当然ながら、 a 「業況横ばいの場合」に比べ早いペースで借入返済は進み、有利子負債は5年間で約10億円、10年間で約24億円減少します。

　プライベートエクイティファンドを検証した第6章③(5) c（シミュレーション2）では、「利益率が変わらぬままの業容拡大は、PEにとっては、必ずしも投資利回りの大きな向上にはつながらない」ことが示唆されるとしました。しかしながら、この業容拡大は、売上げが毎期3％向上し、また売上原価や販

将来予想						
4 期	5 期	6 期	7 期	8 期	9 期	10 期
10,927	11,255	11,593	11,941	12,299	12,668	13,048
523	539	555	571	589	606	624
479	497	515	534	554	574	595
335	348	360	374	388	402	417
1,023	1,039	1,055	1,071	1,089	1,106	1,124
120	120	120	120	120	120	120
10,927	11,255	11,593	11,941	12,299	12,668	13,048
2,789	3,017	3,257	3,511	3,779	4,061	4,357
4,211	3,983	3,743	3,489	3,221	2,939	2,643
3.07%	3.09%	3.11%	3.13%	3.15%	3.17%	3.19%
25.53%	26.81%	28.10%	29.41%	30.73%	32.06%	33.39%
13.02%	12.46%	11.95%	11.48%	11.04%	10.63%	10.26%
164	162	160	157	155	152	149

管費も毎期３％向上して、利益も毎期３％向上するものです。
企業は業容拡大（売上げと利益の両面の向上、それに伴う売上原
価も）をもって「成長」と認識するものであり、毎期３％の業
容拡大を10年間継続した結果約1.3倍の業容規模となることと
は、毎年３％の雇用の増加や賃金の上昇をこなし、取引先との
取引額を毎年３％拡大して、毎年３％増益を達成するというこ
とですから、やはり意味合いは大きく、また、地域経済など企
業のステークホルダーにとっては大きな意味があります。「独

立型出資構想」は、PE出資に比べ、この業況拡大（企業の成長）に親和性があるといえます。

c　３％成長の場合、６年目以降３％増配（シミュレーション11）

　そこで、業容拡大が継続して、従業員や取引先への支払が増加するのであれば、株主として増配を期待したいところです。図表７－６が、６年目以降毎年３％の増配がなされるとしたシミュレーションです。

図表７－６　３％成長の場合、６年目以降３％増配の場合（シミュ

単位：百万円	想定業況	出資実行	1期	2期	3期
売上げ	10,000	10,000	10,000	10,300	10,609
営業損益	479	479	479	493	508
経常損益	429	429	429	445	461
当期純損益	300	300	300	311	323
EBITDA			979	993	1,008
配当			120	120	120
総資産	10,000	10,000	10,000	10,300	10,609
純資産	2,000	2,000	2,180	2,371	2,574
有利子負債	5,000	5,000	4,820	4,629	4,426
税引き後当期利益率	3.00%	3.00%	3.00%	3.02%	3.04%
自己資本比率	20.00%	20.00%	21.80%	23.02%	24.27%
ROE			15.00%	14.28%	13.62%
配当＋金利			170	168	166

6期目以降の増配にもかかわらず、借入減少による支払金利の減少があり、配当と支払金利を合計した社外流出は、1期目の金額を超えることなく推移します。企業は大きな負担なく増配可能と理解できます。業容拡大の結果が、従業員・取引先・株主といったステークホルダーに広く配分されると理解できます。「独立型出資構想」の株主は、PEのような株式売却益は期待できないとしても、業況次第で増配は期待できそうです。

レーション11)

将来予想						
4 期	5 期	6 期	7 期	8 期	9 期	10 期
10,927	11,255	11,593	11,941	12,299	12,668	13,048
523	539	555	571	589	606	624
479	497	515	534	554	574	595
335	348	360	374	388	402	416
1,023	1,039	1,055	1,071	1,089	1,106	1,124
120	120	124	127	131	135	139
10,927	11,255	11,593	11,941	12,299	12,668	13,048
2,789	3,017	3,254	3,500	3,757	4,023	4,300
4,211	3,983	3,746	3,500	3,243	2,977	2,700
3.07%	3.09%	3.11%	3.13%	3.15%	3.17%	3.19%
25.53%	26.81%	28.07%	29.31%	30.55%	31.76%	32.96%
13.02%	12.46%	11.95%	11.49%	11.07%	10.69%	10.35%
164	162	163	165	166	167	169

⑵ 税引き後利益率5％企業のシミュレーション

次に、第6章と同様に、比較的高い利益水準である売上高税引き後利益率5％の企業を想定します。

税引き後利益率5％の企業について

・「総資産100億円、純資産50億円、有利子負債20億円」の企業を、

・「企業（事業）価値90億円、株式価値70億円」と評価とします。

・新株主（複数）は40億円の出資でSPCを設立します。

・「出資40億円、借入れ50億円」の資金調達でSPCは対象企業を譲り受け、

・新株主傘下で「純資産40億円、有利子負債50億円」でスタートする

ものとします（図表7－7。ただし、シミュレーションにおいて

図表7－7　税引き後利益率5％企業への出資

〈既存株主出資の対象企業〉　　　　　　　　〈新株主出資の対象企業〉

資産 100億円	負債30億円
	借入れ50億円
	純資産20億円 （既存株主）

資産 120億円 （うちのれん 20億円）	負債30億円
	借入れ50億円
	純資産40億円 （新株主出資）

はのれん償却の会計・税務上の影響は考慮しません。また、第6章
③(7)の税引き後利益率5％企業のシミュレーション5においては出
資額を24億円としました。ここでは出資額を40億円として配当支払
を比較的多額として、金利と配当を加えた社外流出が比較的多額と
なるものとします）。

　ア　業況の想定
・売上高：100億円
・税引き後利益率：5％
・有利子負債金利：1％
・2期以降、借入減少に伴う金利負担減少分の利益向上
・減価償却と同額の投資を毎期実施し、毎期当期利益同額を借
　入返済
　イ　配当
　出資額（40億円）の6％である240百万円の配当実施
　この業況や貸借対照表の実行当初の数値は、配当を除き、第
6章③(7)のシミュレーション5と同一です。
　ウ　業況ばいの場合（シミュレーション12）
　図表7－8が新株主傘下で従来の業況が横ばいとしたもので
す。
　ここでも、240百万円の配当を実施しつつ順調に借入返済を
進めることができます。

(3)　シミュレーション9からシミュレーション12の示唆

　シミュレーション9からシミュレーション12は以下を示唆す

図表7-8　業況横ばいの場合（シミュレーション12）

単位：百万円	想定業況	出資実行	1期	2期	3期
売上げ	10,000	10,000	10,000	10,000	10,000
営業損益		764	764	764	764
経常損益		714	714	717	720
当期純損益	500	500	500	502	504
配当			240	240	240
総資産	10,000	12,000	12,000	12,000	12,000
純資産	5,000	4,000	4,260	4,522	4,785
有利子負債	2,000	5,000	4,740	4,478	4,215
税引き後当期利益率	5.0%	5.0%	5.0%	5.0%	5.0%
自己資本比率	50.0%	33.3%	35.5%	37.7%	39.9%
ROE			12.5%	11.8%	11.1%
配当＋金利			290	287	285

るでしょう。

① 「税引き後利益率3％程度」の企業であれ、「税引き後利益率5％程度」の企業であれ、EBITDAの7倍から8倍程度の企業（事業）評価での譲渡であれば、適当な出資と借入れの組合せにより、「出資額の6％の配当」を実施して経営できそうだ。

② この結果は、中小企業投資育成の業況とも整合性がある。

③ すると、「出資額の6％の配当」が株主候補として期待する企業の取引先や金融機関にとって受入れ可能な水準であれ

将来予想						
4 期	5 期	6 期	7 期	8 期	9 期	10 期
10,000	10,000	10,000	10,000	10,000	10,000	10,000
764	764	764	764	764	764	764
722	725	727	730	733	736	738
505	507	509	511	513	515	517
240	240	240	240	240	240	240
12,000	12,000	12,000	12,000	12,000	12,000	12,000
5,051	5,318	5,588	5,859	6,132	6,407	6,683
3,949	3,682	3,412	3,141	2,868	2,593	2,317
5.1%	5.1%	5.1%	5.1%	5.1%	5.1%	5.2%
42.1%	44.3%	46.6%	48.8%	51.1%	53.4%	55.7%
10.6%	10.0%	9.6%	9.1%	8.8%	8.4%	8.1%
282	279	277	274	271	269	266

ば、「独立型出資構想」は成り立ちそうだ。

標準的な利益率の中堅企業で「独立型出資構想」は成り立ちそうだ

8 シミュレーション⑵ ──利益率低下の意味合い

次に、企業の業況が低迷した場合の「独立型出資構想」での企業・債権者・株主を論じます。出資後に利益率が低下した場合のシミュレーションを行います。

出資後10年間は「税引き後利益率3％、業況横ばい」で継続した後、11年目以降、売上げの成長がないまま収益力が低下したものとして、

図表7－9　10年間は税引き後利益率3％、11年目以降税引き後利

単位：百万円	想定業況	出資実行	1期
売上げ	10,000	10,000	10,000
営業損益	479	479	479
経常損益	429	429	429
当期純損益	300	300	300
配当			120
総資産	10,000	10,000	10,000
純資産	2,000	2,000	2,180
有利子負債	5,000	5,000	4,820
税引き後当期利益率	3.0%	3.0%	3.0%
自己資本比率	20.0%	20.0%	21.8%
ROE			15.00%
配当＋金利			170

・「売上横ばい、税引き後利益率2％」へ低下

・「売上横ばい、税引き後利益率1％」へ低下

の二つの場合を想定します。

(1) 税引き後利益率が3％から2％あるいは1％への低下

a 「10年間は税引き後利益率3％、11年目以降税引き後利益率2％で売上横ばい」となった場合（シミュレーション13）

　図表7－9は、実行当初の業況は本章⑦(1) a の税引き後利益

益率2％で売上横ばい（シミュレーション13）

将来予想					
10期	11期	12期	13期	14期	15期
10,000	10,000	10,000	10,000	10,000	10,000
479	317	317	317	317	317
445	286	287	287	288	289
312	200	201	201	202	202
120	120	120	120	120	120
10,000	10,000	10,000	10,000	10,000	10,000
3,858	3,938	4,018	4,099	4,181	4,263
3,142	3,062	2,982	2,901	2,819	2,737
3.1%	2.0%	2.0%	2.0%	2.0%	2.0%
38.6%	39.4%	40.2%	41.0%	41.8%	42.6%
8.50%	5.18%	5.09%	5.01%	4.92%	4.84%
153	151	151	150	149	148

率３％の企業と同一数値を想定して、売上高100億円で10年目までの税引き後利益が約300百万円で推移し、その後、11年目以降に税引き後利益率が２％に低下し税引き後利益が200百万円となったものです。11年目以降に120百万円の配当を実施すると、借入返済額は約80百万円へ減少します。それでも借入返済は進み、11年目には売上高の31％であった借入額は15年目には27％の水準になります。

　企業は減益についてある程度問題意識をもちつつも、必ずしも利益低下を問題とすることなく、税引き後利益の過半が配当

図表７−10　10年間は税引き後利益率３％、11年目以降税引き後利

単位：百万円	想定業況	出資実行	
			1 期
売上げ	10,000	10,000	10,000
営業損益	479	479	479
経常損益	429	429	429
当期純損益	300	300	300
配当			120
総資産	10,000	10,000	10,000
純資産	2,000	2,000	2,180
有利子負債	5,000	5,000	4,820
税引き後当期利益率	3.0%	3.0%	3.0%
自己資本比率	20.0%	20.0%	21.8%
ROE			15.00%
配当＋金利			170

に回るということで（配当性向が約40％から約60％へ上昇）、減益基調という業況の面より、むしろ、配当が過大と認識するかもしれません。

b 「10年間は税引き後利益率３％、11年目以降税引き後利益率１％で売上横這い」となった場合（シミュレーション14）

図表７－10では、10年目までの税引き後利益が約300百万円のところ、11年目以降の税引き後利益額は100百万円です。そのなかから120百万円の配当を実施することは純資産を取り崩してなされることになります。６％の配当を継続することはむ

益率１％で売上横ばい（シミュレーション14）

将来予想					
10期	11期	12期	13期	14期	15期
10,000	10,000	10,000	10,000	10,000	10,000
479	174	174	174	174	174
445	143	143	142	142	142
312	100	100	100	100	99
120	120	120	120	120	120
10,000	10,000	10,000	10,000	10,000	10,000
3,858	3,838	3,818	3,797	3,777	3,756
3,142	3,162	3,182	3,203	3,223	3,244
3.1%	1.0%	1.0%	1.0%	1.0%	1.0%
38.6%	38.4%	38.2%	38.0%	37.8%	37.6%
8.50%	2.59%	2.60%	2.61%	2.62%	2.63%
153	151	152	152	152	152

ずかしく、11年目以降には減配を十分想定できます。

c 「10年間は税引き後利益率3％、11年目以降税引き後利益
　率1％で売上横ばい、11年目以降の配当は半額へ減額」とな
　った場合（シミュレーション15）

　図表7－11では、税引き後利益額が約100百万円へ低下した
ものの、配当を60百万円に減少したことで、毎年40百万円程度
の返済は可能となります。11年目には売上高の31％であった借
入額は15年目には29％の水準になります。

図表7－11　10年間は税引き後利益率3％、11年目以降税引き後利
　　　　　　レーション15）

単位：百万円	想定業況	出資実行	1期
売上げ	10,000	10,000	10,000
営業損益	479	479	479
経常損益	429	429	429
当期純損益	300	300	300
配当			120
総資産	10,000	10,000	10,000
純資産	2,000	2,000	2,180
有利子負債	5,000	5,000	4,820
税引き後当期利益率	3.0%	3.0%	3.0%
自己資本比率	20.0%	20.0%	21.8%
ROE			15.00%
配当＋金利			170

⑵　企業にとっての「成長なし、利益率低下」の意味合い

　シミュレーション13からシミュレーション15では、企業にとっては収益力が低下したとはいえ引き続き黒字ではあるので大きな危機意識にはならず、また、借入額も10年目で売上高の30％程度へ減少していますから、そもそも借入額を負担と感じることはないかもしれません。

益率１％で売上横ばい、11年目以降の配当は半額へ減額（シミュ

将来予想					
10期	11期	12期	13期	14期	15期
10,000	10,000	10,000	10,000	10,000	10,000
479	174	174	174	174	174
445	143	143	144	144	144
312	100	100	101	101	101
120	60	60	60	60	60
10,000	10,000	10,000	10,000	10,000	10,000
3,858	3,898	3,938	3,979	4,019	4,061
3,142	3,102	3,062	3,021	2,981	2,939
3.1%	1.0%	1.0%	1.0%	1.0%	1.0%
38.6%	39.0%	39.4%	39.8%	40.2%	40.6%
8.50%	2.59%	2.57%	2.55%	2.53%	2.52%
153	91	91	91	90	90

しかしながら、「売上成長がない状態が当初10年継続した」、そのうえで「その後に売上成長がないまま収益力が低下した」という業況ですから、仮に経済全体や業界自体が低成長であったとしても、業界には引き続き利益を計上する「勝ち組」の企業はあるわけで、対象企業は必ずしも「負け組」ではないとしても、業界内で長年にわたり競争力が徐々に低下していることが懸念されます。収益力低下が表面化したのが11年目であったとしても、当初10年間の経営のあり方にも疑問が生じるはずです。社内で構造的な業況低迷を憂える声があっても不思議ではありません。

　また、収益力が税引き後利益率1％から2％へ低下して借入返済の能力が低下するとなると、借入返済のペースが鈍化することは当面問題にはならないとしても、投資案件が生じて新たな借入れを望んだ場合に、金融機関は新規の貸出に消極的になるかもしれないという懸念も生じます。「過去10年間の競争力低下が11年目の業況に顕在化した」「気づいたときには業界地位が低下して業界の流れに取り残されている」「新たな投資もむずかしくなり今後の展開が見通せない」という循環もなしとしません。

(3)　金融機関にとっての「成長なし、利益率低下」の意味合い

a　貸出債権者としての金融機関

　このシミュレーション13からシミュレーション15では、借入額は当初10年間で約19億円減少して10年目では売上高の30％程

度となっています。売上高の30％という借入水準は製造業であれば担保評価額が借入額を上回る場合もあるでしょう。また、11年目以降も、収益力が低下したとはいえ、なお引き続き黒字を計上して、減配があればペースが鈍化するとはいえ借入返済は進み、対象企業は「与信上の懸念ある取引先」という位置づけにはならないでしょう。背景としての企業の業況低迷あるいは構造問題も気にならない可能性もあります。

　過去10年程度にわたり大きな投資もなく推移したので新たな借入れもなく、第５章③(2)「標準収益水準で『借入れある企業』・低収益の企業」で述べた「取引関係は親密ではあるが、経営課題を理解し取組みには至っていない企業」に該当する可能性もあります。金融機関としては、「まだ与信上の懸念があるわけではないのに、企業に対して『モノ言う』権限があるのだろうか」と思うこともあるものです。

b　主要株主としての金融機関

　「独立型出資構想」では金融機関には貸出債権者としての立場のほかに主要株主としての立場もあります。

　その株主としての立場では、企業は業界の有力企業としての地位を確保するために「利益の確保と競争力の維持」が必要であると認識すべきものです。

　この観点から企業をみると、長年にわたる企業の「成長なし」と、その後の「収益力の低下」は、大きな問題であり、貸出債権者に対して迷惑をかけるかどうかにかかわらず、また、当初10年間の配当受取りにかかわらず、株主の立場として企業に真剣な取組みを促すべき内容です。長年の「成長なし」は、

その間、相応の規模の新たな投資がなかったことに加え、「従業員の給与水準は横ばい」「雇用者数は横ばい」「取引先との取引額は拡大せず」で推移したことも推測させ、中堅企業としての役割を十分に果たしているとは言いがたい内容です。

本来、株主は、早い段階で企業になんらかの取組みを促すべきですが、無配や減配は、一つのタイミングになります。「減益なので減配したい」という企業の状況は、「配当水準が高すぎるのか」、あるいは、「成長なし・収益力低下という経営状況の問題なのか」を議論するタイミングになります。

(4) 金融機関の役割

貸出債権者の立場としては、なお「与信上の懸念はない」「モノ言う立場であろうか疑問ももつ」といった程度の業況でも、主要株主の立場になると、発言を要する場面が生じます。

そして、「与信上懸念はない」ものの、「なんらかの構造的な問題や長年の経営の結果として、『成長なし、収益力低下』となった」企業に対して、「モノ言う」ためには、貸出だけでは入手できない情報の収集や発言権の確保、さらに経営関与の経験の蓄積が必要であり、そのために、5％保有を超える主要株主としての意味ある株式保有が必要です。「独立型出資構想」での出資はこうした株式保有となりえます。

業況低迷時の金融機関の役割
株主としての地位に意味

9　上場、プライベートエクイティファンド、「独立型出資構想」

　以上から、上場、PEによる出資、「独立型出資構想」での出資を比較します。

(1)　上　　場

① 　企業の姿

　株主主権のもとで企業は株主の利益の極大化を追求する存在。

② 　利益の帰着

　企業が生み出した利益は株主に帰着する、配当実施後の内部留保は株主が再投資したものと解する。

③ 　企業に求める業績

　株主が企業へ投資する際の期待収益率をもとに8％を超えるROEの達成に企業はコミットするべき。

④ 　経営者

　経営者は株主の委任を受けた代理人。

(2)　PE出資

　PEの企業価値を向上させた後、投資を回収して利益を得るというPEの原理のもとで、一定期間に限りPE100％の出資となる。

① 　企業の姿

　PEの子会社としてPEの経営に入る。

② 利益の帰着

配当はPEの受取り、内部留保はPEの売却益に反映される。

③ 企業に求める業績

PE投資が高いIRR（数十％も）となるよう投資期間中の利益向上が必要。

④ 経営者

企業はPE全額出資となっており、経営者はPEが選任する。

(3)　「独立型出資構想」

① 企業の姿

企業は独立した存在。多くの企業は「よい製品・よいサービス」を提供するという「企業活動自体を企業の目的」とする。

株主は企業の理念を共有し、経営へのモニタリングを行う存在。

② 利益の帰着

配当実施後の内部留保は「企業に帰着」する。投資や不測の事態に備えた留保でも、また、昇給や増配でも社会還元でもよく、企業の判断による。

③ 企業に求める業績

「企業の活動自体を企業の目的とする」という企業の理念から利益の確保や競争力の維持が導かれる。

「上場企業としてROE 8 ％以上」「PE傘下企業として高いIRRを充足する利益水準」という水準ではないが、相応の利益率を確保して相応の売上げ・利益の成長は求められる。成長産業では高い成長が、成熟産業でも相応の（例：名目成長率を上

回る）成長が必要である。

　ちなみに、上場企業が税引き後利益の30％を配当し残額70％を内部留保とすると、ROE8％を維持するためには、純資産が当期利益の70％増額するため、翌期は5.6％の利益成長が求められる（8％×70％＝5.6％）。10年間の5.6％成長で1.53倍になる。一方、「独立型出資構想」で、名目成長率をある程度上回る成長はほしいとして、年3％の成長を求めるとすると、10年間3％成長で1.30倍になる。

④　経営者

　企業の目的遂行のための経営者と従業員で構成される企業組織のリーダー。

第 **8** 章

独立型出資構想と
金融機関

1 コア企業の例への適用

　「独立型出資構想」をさらにイメージしていただくため、第2章②「中堅企業の例」の4社へ当てはめ、そこでの金融機関の業務もあわせてみていきます。第2章②では以下の4社をあげました。

① 　A社

・事業内容：健康食品製造

・上場非上場：非上場

・業況：年商25億円程度、税引き後利益5億円程度

・財務内容：総資産50億円程度、純資産40億円程度、有利子負債なし

・株主構成：株主は当社創業家の相続人など個人のみで約50人、支配株主なし

・経営者：当社に入社の従業員出身

② 　B社

・事業内容：電子部品製造

・上場非上場：非上場

・業況：年商120億円程度、税引き後利益10億円程度

・財務状況：総資産100億円程度、純資産50億円程度

・株主構成：創業家（相続等で5名の合計）60％程度、従業員持ち株会20％程度、中小企業投資育成10％程度ほか

・経営者：当社に入社の従業員出身

③ 　C社

・事業内容：化学製品製造

・上場非上場：上場

・業況：年商100億円程度、税引き後利益２億円程度

・財務状況：総資産100億円程度、純資産50億円程度

・株主構成：取引金融機関・取引先数社が上位株式保有。創業
　家の上位株式保有はない

・経営者：当社に入社の従業員出身

④　D社

・業務内容：半導体製造装置製造

・上場非上場：上場

・業況：年商500億円程度、税引き後利益100億円程度

・財務状況：総資産1,100億円程度、純資産900億円程度

・株主構成：創業者関連が上位株主、その他機関投資家など

・経営者：当社に入社の従業員出身

　この４社が「中堅企業に特有の資本面の課題」を有すると仮
定して、「独立型出資構想」を当てはめてみます。

⑴　A社の例

　A社を、「長い業歴の結果、株主は何代かの相続が進み、非
上場ながら株主は分散して支配株主が存在しない状態」、ま
た、「創業家の経営関与はすでになく、経営者は従業員出身」
の例としました。第３章③「中堅企業に特有の資本面の課題」
の⑵「中堅企業の株式分散」の例です。

　A社の経営者は、株主を見知った範囲の10名内外に集約し、
かつ、現在の従業員出身経営者（サラリーマン経営者）が中心

となって「独立」の企業として継続して経営できる体制の構築を望むものとします。

そのためには、既存の数十人（50人としました）の株主には退出いただき、取引先など企業のステークホルダーのうちから新たな株主として招いた者と、条件が許せば経営者や従業員の一部が出資する新たな株主構成を組成することが目標になります。

a 手　　法

① 新たな株主（複数）が既存株式を買い取るための新会社（SPC）を設立する。

② SPCは、新たな株主の出資と借入調達による資金をもって、既存の株主から株式を買い進める。

③ 全株主が判明しているわけではないのであるから、全株の買取りはできないものの、SPCは議決権の3分の2以上の株式は取得する（3分の2以上の株式取得のメドが立ったところで、株式買取りを行う）。

④ 株式併合などによりスクイーズアウトを行いSPCの出資比率を100％とする。

⑤ A社とSPCが合併してSPCへの出資者がA社の新たな株主となる。

b 金 額 面

A社を「年商25億円程度、税引き後利益5億円程度、総資産50億円程度、純資産40億円程度、有利子負債なし」としました。減価償却対象資産は10億円から15億円程度、年間の減価償却額は1.5億円程度でしょうか。税引き後利益5億円とする

と、有利子負債はないので、税金を調整した経常利益および営業利益は約7億円となり、EBITDAは約8.5億円となります。企業（事業）評価額（および株式評価額）はEBITDAの7倍程度とすると約60億円となります。

　そこで、60億円を、出資額30億円、借入れ30億円の組合せで調達することとします。10名程度の新たな株主候補から30億円の出資を得て株式受け皿企業（SPC）を設立し、SPCが借入れとの合算の資金で既存株式を買い取り、スクイーズアウトから合併に進みます。

　総額30億円の出資を10社程度でまかないますから、主要株主で数億円（3分の1保有の場合で10億円）、下位の株主で数千万円の出資額と見込みます。

c　株主候補

　新たな株主の候補は、A社のステークホルダーである事業会社、金融機関、役員や従業員（持ち株会）ですが、金額を勘案すると主要株主は金融機関になるでしょう。やはり金融機関ではA社の本社所在地立地の地域金融機関が中心になるかと思います。

d　できあがり

　ア　資産・負債状況

資産・負債状況は図表8－1のとおりとなります。

　イ　業況

　税引き後利益5億円程度から、配当1.8億円（出資額30億円の6％）を実施し、借入れ30億円に対し毎年の借入返済は3.2億円程度となります。

図表 8 - 1　Ａ社の資産・負債状況

〈実行前Ａ社〉

| 資産
50億円 | 債務10億円 |
| | 純資産
40億円 |

〈実行後Ａ社〉

資産 70億円 （うちのれん 20億円）	債務10億円
	有利子負債 30億円
	純資産 30億円

　ウ　株主状況

・実行前：個人中心に約50人で株主の全容を把握できず

・実行後：取引先、金融機関、役員従業員など10名内外。金融
機関を含む主要株主が各10％から30％保有、その他株主は各
数％保有

e　構想の成否

　業況・配当水準・借入返済など構想は成り立ちそうです。

f　地域金融機関の業務

　ア　実行時

　この手法は、

① 「独立型出資構想」の全体像（株主候補・経営者候補・新た
な形態での機関設計・新たな形態での経営方針・経営計画など）
を構想して、株主候補・経営者候補・貸出債権者候補・既往
の主要ステークホルダーなどに示し、既往株主から株式譲渡
の同意を得るほか、出資・貸出・経営者就任・取引継続など
の同意を得る

② SPC設立、株式譲渡、株式譲渡に至らず残った株主のスクイーズアウト（株式併合、単元未満株の買取りなど）、合併など個々の手続を進める

③ また、出資・貸出を行う

といった内容であり、その実行の過程で、弁護士・司法書士・税理士などの協力を得る必要もあり、株主総会や行政当局の許認可さらに裁判所手続も生じます。地域金融機関がこれらを実質的に主導して取り組むとすれば、その業務は、これら全体像の構築やスケジュール管理、個々の手続の実行です。また、出資と貸出も生じます。業務内容の利益相反にも留意しつつ進めます。

イ　実行後

「独立型出資構想」での新たな形態での主要な株主・貸出債権者としての取引関係になります。

(2)　B社の例

B社を、「非上場で創業家を中心にした株主構成ながら、経営者はサラリーマン（従業員出身者）」と仮定しました。

B社の経営者は、創業家中心の株主構成を脱し「独立」の経営を担保する株主構成へ移行したい希望があり、また、創業家にも、さらなる相続で世代が進む前にB社株式の現金化を図りたい希望があるものとします。第3章③「中堅企業に特有の資本面の課題」の(1)「中堅企業の事業承継」の例です。

現在の株主構成を、「創業家（相続等で5名の合計）60％程度、従業員持ち株会20％程度、中小企業投資育成10％程度ほ

か」としました、B社経営者は、創業家（5名）には退出いただき、その他の株主には継続して株式を保有してもらうことを望み、また、株主側で退出を望むのは創業家（5名）のみで、その他株主は引き続き株式保有を望むものとします。

また、B社経営者は、できあがり後の議決権比率で、従来同様、「従業員持ち株会20％、中小企業投資育成10％、その他株主10％」を維持して、新たな株主には創業家がもっていた60％の議決権比率の承継を望むものとします。

a　企業（事業）評価、株式評価

B社を「年商120億円程度、税引き後利益10億円程度、総資産100億円程度、純資産50億円程度」としました。そこで、負債の部は事業用債務30億円、有利子負債20億円と想定し、減価償却対象資産を30億円から35億円程度、年間の減価償却額5億円程度とします。税引き後利益10億円としましたから、税金を調整した経常利益に金利相当額を加えた営業利益は約14億円となり、EBITDAは約19億円となります。企業（事業）評価額はEBITDAの7倍程度とすると約140億円です。有利子負債を20億円としたので、企業（事業）価値から有利子負債額を差し引いて株主価値は120億円となります。

創業家は株式60％保有ですから創業家が保有する株式の価値は72億円となります。

b　手　　法

① 新たな株主（複数）が創業家（5名）から株式を買い取るための株式受け皿企業（SPC）を設立する。

② SPCは、新たな株主の出資と借入調達による資金計72億円

をもって、創業家から株式を買い取る。

③　B社とSPCが合併してSPCへの出資者がB社の新たな株主
となる。新たな株主と従業員持ち株会など継続保有する既存
の株主がB社の株主を構成する。

　ただし、この手法では、SPCが借入調達を行っているため、
企業評価に従えば、SPC合併後のB社において、新たな株主は
従前の創業家の議決権比率60％を保有することにはなりませ
ん。そこで、議決権を調整するのであれば、議決権に制限をつ
けた種類株を活用するなどなんらかの工夫が必要になります。
また、「出資額の6％の配当」とすると、新たな株主へは新た
な株主の出資額の6％を配当し、従業員持ち株会ほか既存の株
主へは各自の出資額の6％を配当すべきことになりますが、新
たな株主と既存の株主では1株当り出資額が異なり、調整が必
要になります。議決権調整のほか配当額調整のためにも種類株
を活用するなどなんらかの工夫が必要です。

　その他、

①　SPCによる株式買取り対象を創業家に限ることなく全株主
として、SPCは従業員持ち株会以下の既存の株主からも株式
を買い取る

②　従業員持ち株会以下の既存の株主には、SPCへの再投資を
依頼する

という手法も考えられます。

　ただし、その場合SPCとの合併後のB社借入額が増加するこ
と、従業員持ち株会ほかの既存の株主に株式売却益が生じるが
できれば避けたいこと、B社の実行後の支払配当額が増えるこ

となどが生じます。

また、SPCによる株式買取りでなく、B社が創業家から株式を自社株買いする手法もあり、創業家の税務を考慮すると有利な手法ですが、企業（事業）評価額120億円、簿価純資産50億円とすると、自社株買いの財源規制の問題も生じます。

このB社の例では、こうした企業評価、法務、税務、会計などの論点が生じます。

c　金額面

B社の企業（事業）評価額を140億円、株式評価額を120億円とし、SPCは60％株式を72億円で買い取るとしました。

そこで、既存の株主のうち引き続き株主に残る者が何名かあることから、新たに加わる株主は5名から6名とし、この5名から6名が出資してSPCを設立し、借入れとあわせた資金72億円で創業家から株式を買い取ります。ここでは、出資額36億円、借入額36億円とします。主要株主で10億円から15億円、下位の株主で数千万円から数億円の出資額と見込みます。

d　株主候補

新たな株主の候補は、A社の場合と同様に、企業のステークホルダーである事業会社、金融機関です。やはり金融機関ではA社の本社所在地などの地域金融機関が中心になるかと思います。

e　できあがり

ア　資産・負債状況

資産・負債状況は図表8-2のとおりとなります。

イ　業況

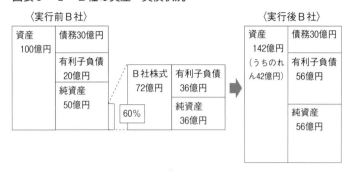

図表8－2　Ｂ社の資産・負債状況

〈実行前Ｂ社〉

資産 100億円	債務30億円
	有利子負債 20億円
	純資産 50億円

| Ｂ社株式 72億円 | 有利子負債 36億円 |
| 60% | 純資産 36億円 |

〈実行後Ｂ社〉

資産 142億円 （うちのれん42億円）	債務30億円
	有利子負債 56億円
	純資産 56億円

　税引き後利益10億円程度です。上記の手法と金額想定では、新たな株主へ2.16億円（出資額36億円の6％）と既存の株主へ1.2億円（既存の株主が実行前の純資産50億円の40％の額を出資したものとします（利益を計上する企業ですから利益剰余金がないとは考えられませんが、ここでは出資額20億円としておきます））の合計3.36億円の配当を実施し、借入額56億円に対し毎年の借入返済は6.64億円程度となります（ただし、ここでは、のれんの償却を考慮していません）。

　ウ　株主状況

・実行前：創業家（相続等で5名の合計）60％程度、従業員持ち株会20％程度、中小企業投資育成10％程度ほか

・実行後：取引先、金融機関、役員、従業員持ち株会など10名内外。金融機関を含む主要新株主が各10％から30％保有、その他新株主は各数％保有

ｆ　構想の可否

　実行時の手法について工夫は必要になるものの、業況・配当

水準・借入返済など可能な水準であり、構想は成り立ちそうです。

g　地域金融機関の業務

　地域金融機関がこの構想を実質的に主導して取り組むとすると、上記「A社の例」に加え、出資比率や配当の調整を目的とした種類株の制度設計が生じ、また、制度設計を確定して「独立型出資構想」に参加する関係者の理解を得ることが加わり、弁護士ほかとの連携が必要になります。

(3)　C社の例

　C社を「経営者はサラリーマン（従業員出身者）の上場企業」としました。

　ここでは、C社の経営者は、非上場化を希望するものの、「独立」の維持も目標としており、PE出資を活用しない手法として「独立型出資構想」を選択すると仮定します。第3章③「中堅企業に特有の資本面の課題」の(3)「上場企業の非上場化」の例です。

a　時価総額（企業評価）

　C社を「年商100億円程度、税引き後利益2億円程度、総資産100億円程度、純資産50億円程度」としました。

　中堅企業の上場企業では、株式出来高も少なく、思うような株価に至らず、低いPERやPBRにとどまる企業も多いものです。C社では、「PER5倍から7倍」「PBR0.4程度」、時価総額は20億円といった水準も想定できます。ここでは、時価総額20億円（PER0.4）とします。

b 手　法

① 新たな株主（複数）が既存株式を買い取るための株式受け
皿企業（SPC）を設立する。

② SPCは、新たな株主の出資と借入調達による資金をもっ
て、TOBにより既存の株主から株式を買い進める。議決権
の３分の２以上の応募によりTOB成立とする。

③ 株式併合などでスクイーズアウトを行いSPCの議決権を
100％とする。その結果非上場となる。

④ C社とSPCが合併してSPCへの出資者がC社の新たな株主
となる。

C社にとって既存の株主のなかには実行後にも引き続き株主
に残ってほしい株主もいるでしょうが、それらは、B社の例と
は異なり、金融機関や事業会社と思われ、TOBに応じていっ
たん売却のうえでのSPCへの再出資も可能と解し、ここでは、
SPCが全株取得することにします。

c 金　額　面

C社を「年商100億円程度、税引き後利益２億円程度、総資
産100億円程度、純資産50億円程度」としました。そこで、負
債の部は事業用債務30億円、有利子負債20億円と想定します。
また、C社の時価総額を20億円としました。

時価に比べ20％から30％のプレミアムをもってTOB実施す
るとして、SPCは25億円で株式のすべてを取得することとしま
す。

そこで、10名程度の新たな株主候補（既存の株主の再投資を
含む）から合計15億円の出資を得て新会社（SPC）を設立し、

借入れ10億円との合算で、TOB、スクイーズアウト、合併に取り組むとします。

　総額15億円の出資を10社程度の出資でまかなうことになりますから、主要株主で数億円（3分の1保有の場合で5億円）、下位の株主で数千万円の出資額と見込みます。既存の出資額を上回らない再投資額となる既存株主も生じるかもしれません。

d　できあがり

　ア　資産・負債状況

　資産・負債状況は図表8−3のとおりとなります。

　イ　業況

　税引き後利益2億円程度から、配当0.9億円（出資額の6％）を実施し、借入額30億円に対し毎年の借入返済は1.1億円程度となります。

　ウ　株主状況

・実行前：上場企業ながら株主数は1,000人程度と予想します

・実行後：取引先、金融機関、役員従業員など10名内外。金融

図表8−3　C社の資産・負債状況

〈実行前C社〉

資産 100億円	債務30億円
	有利子負債20億円
	純資産 50億円

〈実行後C社〉

資産 100億円	債務30億円
	有利子負債 　30億円
	純資産40億円 （うち負ののれ ん25億円）

機関を含む主要株主が各10％から30％保有、その他株主は各数％保有

e　構想の可否

　毎年の借入返済可能額が約1億円という水準は少額に過ぎると判断できるでしょう。構想実現のためには、やはり、税引き後利益率3％程度への収益力向上を期待したいところです。

　C社にとり「収益力向上」は「独立型出資構想」にかかわらず、いずれにせよ、大きな課題です。仮に「独立型出資構想」が実現に至らなかったとしても、C社が「収益力向上が課題」と認識するきっかけになれば、構想に取り組んだことの相応の成果といえそうです。

⑷　D社の例

　D社を「創業家系株主が上位株主でベンチャー企業の性格も有する上場企業」としました。

　ここでは、C社と同様に、D社の経営者が非上場化を希望し、「独立」の維持も目標に、PE出資を活用しない手法として「独立型出資構想」を選択すると仮定します。

　これも「上場企業の非上場化」の例です。

a　時価総額（企業評価）

　D社は特色ある技術や製品を背景に高い利益を長年あげる企業の例としました。企業規模も「中堅企業」とは分類しきれない規模でもあります。こうした上場企業であれば、個人を含めた投資家の注目も集めて株式出来高も多く、高い株価と予想でき、PER20倍程度、PBR2倍程度はありうるでしょう。

「税引き後利益100億円程度」としましたから、PER20倍で時価総額2,000億円となります。純資産額を900億円としましたから、PBR2.22倍です。

b 金額感

非上場化では、

① 新たな株主が株式受け皿企業（SPC）を設立する。

② SPCが株式を買い取る主体となり、TOBとスクイーズアウトで100％出資となる。その結果非上場となる。

③ SPCと対象会社が合併する。

という手順となり、TOB価格は時価にプレミアムを付加した価格となることは通常です。

D社の時価総額を2,000億円としましたから、非上場化のためにはTOBとスクイーズアウトでの株式買取りには2,500億円を超える金額を要すると思われます。この資金を出資と借入れで調達するとして、出資額も借入額もそれぞれ1,000億円を超える金額になるでしょう。そして、1,000億円出資の場合に6％の配当とすると支払配当が60億円で、税引き後利益額100億円から配当60億円を差し引いた40億円が借入額1,500億円の返済原資となります。

こうした金額感ですから、出資額1,000億円を集めることが可能か、さらに、非上場化目的のために1,000億円を超える借入れを抱えることが可能か、また可能であるとして、いずれも企業経営として適当か疑問が生じます。

c 構想の可否

上記の金額感となるのは、「PER20倍、PBR2倍」という高

い時価総額（企業評価）のためです。

　C社の例では、C社にはより高い収益力がほしいところでしたが、D社の例では、D社の高い収益力と大きな業容のために株式時価総額が高いことが構想実現の難点です。「独立型出資構想」は、EBITDAの7倍から8倍程度の企業評価を超えた場合には成立が容易ではないようです。

　なお、D社を「創業家系株主が上位株主」にあると想定しました。D社で「独立型出資構想」を実現することが困難である理由の一つが1,000億円の出資を集めることですが、上位株主である創業家系株主が保有する株式の時価は、この設例では、数百億円になります。そこで、創業家に非上場化のため再投資してもよいという意向があれば、この構想は成り立つ可能性も出てきます。それは、創業家が「上場を継続した場合には、自らが育てた企業が敵対的買収の対象となって人手に渡る可能性がある」とD社の将来を懸念して、自らの資産を拠出してでも非上場化したいと願う場合です。その場合には、企業の負担を考慮して、創業家系株主とその他株主で配当水準を異なることにするといった種類株設計も成り立つかもしれません（それでも、構想実現後は、創業家系株主は年間数億円の配当収入を得ることにはなるでしょう）。

　D社が「独立型出資構想」に関心をもち、「金額感が問題」との理解に至り、なお「独立型出資構想」での非上場化に関心があるのであれば、創業家の資産を含めた案件に発展するかもしれません。

2　金融機関の出資比率・出資額

　上記で新たな形態での出資比率や出資額もイメージしていた
だきました。第7章2（3、5）に記載したように、出資比率
については、

① 　各株主は数％から30％程度を保有

② 　主要株主5人程度は10％以上を保有して主要株主で合計
　　70％から80％を保有

③ 　その他株主で合計2％から30％を保有

といった構成となり、出資金額については、

① 　主要株主で数億円から数十億円

② 　下位の他株主で数千万円から数億円

といった金額でした（規模の大きなD社の例では出資額が範囲を
上回ることになりました）。

　「独立型出資構想」で地域金融機関が主要な役割を果たすと
すれば、地域金融機関には、「10％から30％程度の出資比率」
と「数億円から数十億円の出資額」が期待されます。

3　地域金融機関の観点での「独立型出資構想」

　金融機関の業務内容と収益が「独立型出資構想」ではどのよ
うに現れるかをみていきます。

⑴ 「独立型出資構想」の実行過程では

a 業務内容

「独立型出資構想」を実行することは、

① SPC組成・株式譲渡・自社株買い・上場企業TOBなど「手続を実行する」

② 出資のかたちで「リスクマネーを供給する」

③ 実行後の企業の「ガバナンス体制構築に意を用いる」

ことがその業務内容です。

　このうち、

① 「手続の実行」業務は、組織再編やM&A業務の組合せであり、M&Aアドバイザリーや事業再生業務と同種の投資銀行業務に該当します。

② 「リスクマネーの供給」業務はメザニン・ファイナンスの実行であり、これも投資銀行業務と分類される業務です。また一方で、リスクマネーの商品設計に際しては、対象企業の「中堅企業の姿・企業理念」をふまえることが必要であり、単に「ディールを実行する」こととは異なる取組み姿勢も求められます。

③ 「ガバナンス体制構築」業務は、「独立型出資構想」で組成する企業の株主構成や取締役構成などを検討して適当な機関設計とすることや新たな経営計画を策定して経営の方向性を見定めることが業務内容であり、法務や会計税務の専門性が必要である一方で、やはり「中堅企業の姿・企業理念」をふまえることが求められます。

このように、「投資銀行業務に分類される業務」「専門性を必要とされる業務」でありながら「企業の理念」や「地域経済の要請」を理解することが「独立型出資構想」を実現する鍵といえます。

b 収 益 面

「独立型出資構想」実行を金融機関の収益の観点でみると、実行時のアドバイザリー業務やファイナンス業務で各種の手数料ビジネスが生じ収益機会となります。メガバンクや大手証券の大企業向け投資銀行業務での数百億円から数千億円規模案件とは異なるものの、各案件は数十億円から数百億円の金額規模ですから、案件規模に応じ相応の収益額を見込むことができます。

(2) 実行後の「独立型出資構想」では

a 業務内容

実行後には金融機関には貸出債権者の立場と株主の立場があります。

ア 貸出債権者の立場で

「独立型出資構想」で株式譲受けのための資金調達を主導した場合の貸出額は数億円から数十億円と予想できます。

「独立型出資構想」の実行により、企業は実行前に比べ一定程度純資産が減少し借入れが増加します。金融機関はこうした企業に対して貸出債権者となり株主となるものですから、「担保だけに依存するのではない貸出」としての与信管理が必要です。

イ 株主の立場で

「独立型出資構想」で数千万円から数十億円（多くて20億円から30億円）の出資を実行し主要な株主となるものと予想します。

そのため単に貸出債権者の立場を超え、企業に継続的に関与する立場となり企業展開・経営課題・競争環境など企業の経営を承知することになります。「企業の目的」を共有する存在として、平時には企業の理解に努める株主、なんらかの事態では行動する株主であることが求められます（第7章②(6)）。株主の役割についての知見や経験が必要です。

b 収益面

貸出債権者として貸出期間にわたり金利収入を見込むことができ、各案件で数億円から数十億円の貸出を予想しますから相応の水準を期待します。

また、株主として配当収入を見込みます。ROE8％や高いIRRといった近時の上場企業を対象にした水準ではないものの、リスクマネーとして相応の配当水準を期待します。

また、企業は業界の有力企業として業界再編に取り組むことも想定でき、M&Aなどのその他業務での相応の収益を期待できます。

加えて、長期の株式保有を前提にするものの、出資先対象企業は、時に「独立型出資構想」を卒業して、上場や他社との統合に進むことは十分ありうることで、株式売却益も一定程度見込むことができます。

第 **9** 章

地域金融機関の役割
——地域金融機関型投資銀行業務

最後に本章では、「独立型出資構想」をもふまえ、地域金融機関のコア企業ほか中堅企業との取引関係を考えます。地域金融機関が中堅企業と実のある取引関係を構築することが、地方創生に向けた役割につながることを述べます。

1　コア企業に該当する中堅企業のニーズ

　これまで中堅企業の業務内容を勘案して企業のニーズをみました。それは、
・事業上のニーズ
・中堅企業に特有の資本面の課題解決のニーズ
・企業の理念とつながる「独立」維持のニーズ
の三つでした。

(1)　事業上のニーズ

　コア企業に該当する中堅企業では、小企業や「地域内完結企業」に該当する中堅企業とは異なり、業務内容がおおむね大企業と同質であるため、大企業と同質の事業上のニーズが生じること、ただし、大企業に比べ企業規模が小さいので、ニーズから生じる案件の規模は比較的小さく、また、案件が毎年常に生じるわけではという特徴をみました（第4章3）。

　地方創生を目標としつつこのニーズに応えるためには、各地域の地方都市の充実に加え、地方中核都市に首都型の産業が整備されることと、各地域と地方中核都市また大都市圏との交通

の整備が求められることを述べました（第4章3）。

(2)　中堅企業に特有の資本面の課題解決のニーズ

一方、多くの中堅企業では、大企業においても小企業においても生じない「中堅企業に特有の資本面の課題」があり、「事業承継」「株式分散」「非上場化」「大企業の事業部門のカーブアウト」といったかたちとなって現れ、オーナー企業でも非オーナー企業でも、また、非上場企業でも上場企業でも生じうる課題であることをみました（第3章3）。

そして、企業の「独立」を維持しつつこのニーズを解決する手法として「独立型出資構想」をお示ししました（第7章）。

(3)　「独立」維持のニーズ

また、多くの中堅企業は「企業活動自体を企業の目的とする」という企業理念を掲げており、この企業理念を維持継続するには、企業が「独立」で存続することが求められることも理解しました（第3章1）。そして、中堅企業が「独立」で存続することは企業自身の目標であることにとどまらず、地域経済にとっても地域金融機関にとっても意味あることもみました（第4章1、第5章5）。

中堅企業の「独立」が失われて他社の傘下へ移ることで、企業理念が失われ、企業が発祥の地を離れ大都市へ移転し地方創生に反する結果となります。その原因の一つが「M&A（売り）」であって、中堅企業ではM&A（売り）に至る原因に「中堅企業に特有の資本面の課題」があることから、中堅企業の

「独立」維持のニーズと「中堅企業に特有の資本面の課題」解決のニーズは結びつくものと理解できました。

　大企業においても小企業においても、ニーズとは、多くは、「事業上のニーズ」に由来するものですが、中堅企業では、加えて、「中堅企業に特有の資本面の課題」と「独立」維持のニーズから生じることに注目できます。

2　地域金融機関の中堅企業への対応

　そこで、地域金融機関がコア企業との実のある取引関係構築を求めるとすれば、これら三つのニーズへの対応が考えどころです。

(1)　事業上のニーズ

　事業上のニーズは法務・会計税務・コンサルタントなど外部専門家へのニーズや研究開発のニーズなどさまざまですが、そのうち、金融面のニーズが金融機関として対応すべき対象です。中堅企業の事業上のニーズとは大企業と同質としましたが、金融面で大企業と同質の内容とは、商業銀行業務と分類される通常の貸出や決済の業務だけでなく、

・通常の貸出とは異なる各種事業性の資金調達、メザニン・ファイナンス
・国の内外の子会社向けの資金調達
・県内マッチングではないM&A

・企業の組織再編、資本政策（上場・非上場化・増資・株主構成の再編）、PMI（買収後の企業統合）

などと想定でき、その多くは投資銀行業務と分類される分野です。そこで、地域金融機関としては投資銀行業務と分類される分野の実力涵養が必要です。

(2) 中堅企業に特有の資本面の課題へのニーズ

「中堅企業に特有の資本面の課題」を「独立」を維持しつつ解決する手法として前章で提示した「独立型出資構想」を考えると、「独立型出資構想」を実行する際の業務内容の多くは投資銀行業務と分類される分野になります（第8章3）。やはり、地域金融機関として投資銀行業務と分類される分野の実力涵養が必要です。

(3) 「独立」維持のニーズ

このように、地域金融機関には、中堅企業との実のある取引関係構築のために、企業の「事業上のニーズ」や「中堅企業に特有の資本面の課題解決のニーズ」に応えるため、従来型の金融業務（商業銀行業務）とは異なる投資銀行業務に分類される業務が求められます。しかしながら、そこには、大企業向けとは異なる「案件が比較的小さく案件が生じる頻度が低い」という特徴と、「独立」維持のニーズ、つまり、「企業の姿・企業理念を維持する」ニーズからの要請も生じると理解できます。

たとえば、

① 中堅企業に「県内マッチングではないM&A」のニーズが

あるとしても、中堅企業が真に求めるのは、大企業で生じた M&A（売り）で当該中堅企業が案件処理（買い手）候補先に（たまたま）あがる（第5章④c）のではなく、当該中堅企業の経営上の要請を起点に売り買いの事情が検討されて案件が組成される

② 「独立型出資構想」が実行されリスクマネーが供給されるとして、それは、「成長資金ではない資本面の課題に応えるリスクマネー」であり、リスクマネーとしてどのような内容が適当か、当該中堅企業の姿を起点に検討され、リスクマネーの商品設計に反映される

③ 「独立型出資構想」実行後のステークホルダーが加わった新たな株主構成のもとで、企業の利益水準や成長の姿をどのように設定するかが、PE傘下や上場とは異なる形態の企業として、当該中堅企業を起点に検討される。そして、検討の内容が企業の機関設計に反映され、その後の株主総会や取締役会を介した企業の運営に反映される

といったかたちで現れるでしょう。地域金融機関には、

・メガバンクや大手証券が大企業に対して提供する金融商品・金融サービスと同質の金融商品・金融サービスを提供しながら、「中堅企業の姿・企業理念」をともにして「中堅企業を起点に考える」存在、つまり、投資銀行業務ながらも地域に所在する中堅企業向けの業務を提供する存在

・地域に所在する中堅企業との取引関係ながら、全国レベルの企業取引の水準を充足する業務を提供する存在

であることが期待されます。

コア企業を中心とする中堅企業のニーズと地域金融機関の期待される姿をみたところで、地域金融機関の中堅企業との取引関係全般を展望します。それは、「地域金融機関型投資銀行業務」というべきものです。

(1) 中堅企業との取引で認識すべき事項

コア企業ほか中堅企業の金融機関との取引関係で認識すべき事項を、これまでに述べてきたことを中心にまとめます。

a 地域金融機関の中堅企業との取引意義

地方創生の担い手はコア企業というべき一定の中堅企業であり、地域金融機関にとりコア企業に該当する中堅企業との実のある取引関係は課題の一つです（第1章）。中堅企業との実のある取引関係構築はコア企業に該当する中堅企業が地域に存続することにつながり地方創生に資するものです。

b 従来型の取組みではむずかしい

中堅企業の多くは無借金あるいは借入僅少となっていること、また、大企業と同質の事業上のニーズを有して金融面のニーズはその一つであることから、従来型の預金や貸出業務のみでは取引の進展は望みにくく、実のある取引関係の構築はなかなかむずかしいのが現状です（第5章③）。

c 中堅企業のニーズと金融機関の対応

中堅企業のニーズには、大企業と同質のものと中堅企業に特

有の資本面の課題や企業の独立維持に由来するものがあります。地域金融機関には、このいずれにも応えるため、投資銀行業務に分類される業務を「中堅企業の姿・企業理念」をともにするなかで提供することに意味があり（本章②）、その提供が他行・他社との差別化につながります。

d　他行・他社の動向

メガバンクや大手証券にとって、地域所在の中堅企業は案件ベースの関係の対象とはなっても、当該中堅企業の事情を起点とした取引関係の構築に経営資源を割く先でもなく、地域金融機関のほかに地域所在の中堅企業を起点にした取組みに意を用いる金融機関はなさそうです（第5章④c）。また、「従来型の取組みではむずかしい」とは、中堅企業のニーズは小企業とは異なり小企業との取引経験だけでは企業のニーズを充足できないことを意味し、多くの中堅企業との取引の蓄積が必要であることを示します。

e　「金の絡む話」がとっつきやすい

金融機関にとっては、M&Aや資本面の課題は「金の絡む話」であって経営回りの事項でもあり「とっつきやすい」ものです（第5章④e）。また、中堅企業ではいったん案件が生じれば案件規模は数億円から数十億円と想定でき、金融機関にとり相応の収益機会と認識でき取り組みやすいものです。

f　「意味ある株式保有」が有用

課題のない企業はありません。課題は潜在的でなかなか明示されないものですが、開示されるのも信頼を得た金融機関でしょう。信頼を得る関係には「企業の目的」を共有する意味ある

株式保有が有用です。企業と実のある取引を構築するために、「貸出債権者として入手できる情報を超える情報」を常に入手し主要なステークホルダーと企業に認知される必要がありますが、数％程度の株式保有ではその地位の確保はむずかしいものです（第5章④g）。

(2) 地域金融機関型投資銀行業務

以上から、中堅企業との実のある取引関係を展望します。

a 業務の内容

ア 投資銀行業務の内容

中堅企業との取引では、従来からの商業銀行業務に加え、

・M&A

・事業性ローン、メザニン・ファイナンス

・組織再編、資本政策、PMI

といった投資銀行業務に分類される業務を展開できることが必要です。

イ 中堅企業の姿・企業理念の共有

当該中堅企業を起点に業務を展開することが求められます。大企業と同質の置かれた環境のなかで当該中堅企業固有の「企業の姿・企業理念」をいかに確保するかを企業の課題としており、その理解が取引関係の起点です。

b 業務の推移

ア 「独立型出資構想」をきっかけに

上記の業務内容を提供する実力が備わったとしても、実のある取引関係を構築するためにはなんらかのきっかけが必要で

す。「独立型出資構想」はきっかけの一つになるでしょう。

　「中堅企業に特有の資本面の課題」は「事業承継」や「株式の分散」など

① 　企業の行方を左右する経営課題であって

② 　企業限りでは解決がむずかしく

③ 　中堅企業の姿や企業理念を共有した取組みを要し

④ 　中堅企業へのリスクマネー供給となる

⑤ 　実行後には主要株主としての覚悟と能力も求められる

という内容です。地域に所在する中堅企業を対象にこれらを充足する取組みを行うことは、メガバンクや大手証券ではむずかしく、地域金融機関の出番であり、地域金融機関にとり中堅企業との実のある取引関係構築のきっかけになりうる業務でしょう。

　イ　経営関与での業務展開

　「独立型出資構想」実行後の企業は、仮に成熟産業に属するとしても、地域や業界の有力企業として、一定の成長（例：名目成長率を上回る水準）を使命と自覚する存在となって、業界再編を主導する企業であることが望まれ、企業ガバナンスの刷新によりその推進が期待されます。

　金融機関は「事業の理解はむずかしい」ものの、一方で、「金の絡む話がとっつきやすい」「株の保有を背景にした関係が有用」と述べましたが、「独立型出資構想」実行後には、

① 　対象企業は一定の成長を指向して業界再編やM&Aに進む体制となる

② 　対象企業は業界の有力企業であり内外の業界事情に通じ、

地域の取引先企業の事情（取引先各社の競争力、事業承継事情など）にも通じている

③　対象企業は各種の経営課題を有しその革新に進むガバナンス体制になる

④　主要株主となった金融機関は企業の信頼を得た密接な関係にある

ということですから、対象企業に向けた「M＆Aなどその他業務」のための足がかりを取得し、また、関連する取引先企業への取引上の足がかりともなるでしょう。「当該中堅企業を起点とした取組み」の素地を得ることになります。

　ウ　その他業務への展開

その他業務の展開への足がかりを得たわけですから、実行後の取引でも投資銀行業務を含む実力が重要です。

その結果、債権者や株主として金利収入や配収入を得るほか、M＆Aなどその他業務の進展も期待でき、実のある取引関係につながります。

c　業務の展開、業務の性格

　ア　大企業に対する投資銀行業務とは異なる

業務の対象は中堅企業が主ですから、案件の規模は投資案件であれM＆Aや資本政策であれ、大企業案件での数百億円から数千億円の規模ではなく、数億円から数十億円が中心です。海外での大型の買収や海外大企業や海外系大型ファンドが登場することはまれと想定できます。大企業と同質の業務内容・大企業と同質のニーズとはするものの、規模の差異に伴う一定の案件の性格の差異はありえます。こうした中堅企業を対象とした

規模と性格の案件の蓄積が重要です。

　イ　小企業に対する金融業務とは異なる

　中堅企業では「上場への取組み」や「非上場化」といった上場関連のテーマや持ち株会社設立や子会社化など企業の組織再編がテーマとなることも想定できます。一方で「オーナー経営者の後継者不在を原因とする」「県内マッチング」のM&Aなどは必ずしも想定できないでしょう。小企業を対象とする業務とは異なる内容です。

　ウ　外部専門家との提携の力も重要

　業務のなかでは、相応の規模のM&A、上場準備、非公開化での買付け代理人といった展開が生じることも想定しますから、証券・法務・税務会計・コンサルティングなどで外部専門家の活用があります。これら外部専門家と案件を通じた提携する力も重要です。

　エ　数十社との実のある取引関係が目標

　実のある取引関係とは、貸金からの金利収入・株式からの配当収入に加え、その他の経営を左右する案件への取組みを期待するものですが、中堅企業では各社で毎年なんらかの案件が生じることは予想できません。そこで、中堅企業との実のある取引関係を数多く構築することで、いずれかの企業で毎年なんらかの案件が生じ、収益の確保と取引経験の蓄積を図ることにつながります。地域金融機関型投資銀行業務の遂行には数多くの取引先確保が必要です。

　実のある取引先数十社の確保が目標です。

　オ　面談力が重要

実のある取引関係とは、金融機関として収益確保を期待するだけでなく、企業の理念をともにして経営を左右する案件への関与することを役割と認識し、また、期待するものですから、平時であれ非常時であれ、面談のなかで経営周りの話題が取り上げられる関係が必要です。この関係の構築が重要です。

こうした業務展開は「投資銀行業務ながらも地域に所在する中堅企業向けの業務」「地域に所在する中堅企業との取引関係ながら、全国レベルの企業取引の水準を充足する業務」であり、それは、「**地域金融機関型投資銀行業務**」と呼ぶべき内容といえるでしょう。

(3) 「地域金融機関型投資銀行業務」に必要な要件

a 体制の構築

「地域金融機関型投資銀行業務」の個々の業務内容は「個別具体的」「相応のエネルギー（人員・時間・経費）が必要」「経験の積み重ねが必要」というものなので、それほど多くの先を一度に対象にはできない一方、企業に対して一つの業務内容だけの話をするわけでもありません。そのため、ターゲット顧客を特定して、明示された彼らのニーズを拾うだけでなく、「彼らにどのような企業になってもらいたいのか」、そのために、「金融機関として何ができるのか」という視点から、M&Aや中堅企業に特有の資本面の課題など「金の絡む話」を端緒に、仮説を構築し提供する機能を担う「顧客とのコミュニケーションを図る担当者」とM&Aなど個々の取引を担当して「サービスデリバリーを実行する実務の担当者」の双方が必要になるで

しょうか。いずれにせよ担当する人材が重要です。

b　金融機関としての経営体力

　たとえば、地域金融機関型投資銀行業務の一つである「独立型出資構想」では、その実行により、企業は実行前に比べ一定程度純資産が減少し借入れが増加します。金融機関はこうした企業に対して貸出債権者となり株主となるものですから、「担保だけに依存するのではない貸出」としての与信管理と、リスクアセットである株式保有の管理が必要です。金融機関としての経営体力が必要です。

　また、地域金融機関型投資銀行業務からの収益は金融機関の経営の一つの柱となる水準を期待し、収益は個々の案件から生じますが、その案件内容は、いわば「15戦全勝」を期待することはむずかしいものであることも認識する必要があります。貸出のようなストックの業務とは異なり、個々の案件の成否や年々の収益額には変動があるフローの業務であり、加えて、15戦のうち2戦から3戦は思うような結果に至らないことも覚悟する必要があります。投資銀行業務の多くは一定のリスクを伴い、やはり、金融機関としての経営体力が必要です。

　さらに、地域金融機関型投資銀行業務では、取引先の数つまり「ストック」を必要としました。たとえば「独立型出資構想」では数社への取組みでは足りず、数十社への取組み（例：株式出資の累計額で100億円超）が必要でしょう。数十社を対象とするためにも金融機関としての経営体力が必要です。

c　アドバイザリー業務・PE業務・事業再生業務などの経験の蓄積

これら投資銀行業務に分類される業務は経験の蓄積が活きる業務です。これまでのアドバイザリー業務・PE業務・事業再生業務などの経験の蓄積が必要です。

d　地域金融機関型投資銀行業務の風土の醸成

投資銀行業務は従来型の商業銀行業務とは異なり、投資銀行業務に向く人材や気風・向かない人材や気風が出てきます。これまでの商業銀行業務専業から地域金融機関型投資銀行業務も本格的に行うとすると、行内での投資銀行業務のための風土の醸成も必要です。

e　人材の確保・育成

業務に伴うリスクをコントロールしながら投資銀行業務を行うには優秀な人材の確保と育成が欠かせません。優秀な人材に選択されリテンションが図られる地域金融機関であることが必要です。

地域金融機関に勤務する者は、地域経済への貢献を希望して就職するものです。地域の有力企業である「独立」の中堅企業の資本面やM&Aなど経営を左右する課題に、企業とともに取り組んで成果につなげることは、業務内容としても具体的達成感としても、就職時の希望の具体化といえるでしょう。これら業務を担当する部署は行内では注目される存在となって、行員の転勤希望の対象にもなるものです。このように、行員のモチベーションなど人事の活性化の面でも大きく寄与するものと期待できます。

⑷ 業 況 面

　数十社の中堅企業との実のある取引関係構築に至れば、金融機関の収益には以下を期待できるでしょう。

a 貸 出 面

　新たな大規模な投資、M&A、中堅企業に特有の資本面の課題などを要因とした案件が毎年いずれかの企業で生じます。新たな資金需要を生むものと想定して、1案件当り数億円から数十億円の規模です。

b M&Aなどその他業務

　M&Aアドバイザリー業務などその他の業務も毎年いずれかの企業で生じるものと想定できます。やはり、1案件当り数億円から数十億円の規模と予想できます。

　地域金融機関では、年間で数億円から数十億円の新たな収益源を確保することは経営課題の一つですが、実のある取引関係のある中堅企業取引先を数十社確保することは、コンスタントに当該金額の収益を期待できることにつながるでしょう。

⑸ 地方創生への貢献

　地域金融機関型投資銀行業務の担い手となる地域金融機関は、コア企業の「独立」維持のニーズに応え、また、金融面の事業上のニーズにも応える存在として、コア企業が地域に存続することに貢献する存在となります。ひいては、「首都型の産業」の一翼を担う存在ともなり、地方創生への貢献につながります。

おわりに

　地域金融機関にとって、「独立」して大都市圏へ移転することなく発祥の地で安定した成長を目指す地方中堅企業こそ最も重視すべきセグメントであり、地域金融機関がこのような企業をより多く育成することが、まさに、地方創生につながるものと長年考えてきました。

　そして、ここまでお読みいただいたように、このような地方中堅企業は、いわゆる中小企業と違って、その経営課題は大企業と同種であり、金融機関がこういった課題に取り組む場合のプロセスでは、多額の資金調達（エクイティを含む）はもとより、コンサルティング・アドバイザリーなどいわゆる投資銀行的な機能が求められること、しかしながら、その機能は「ザ・投資銀行」ではなく、地方中堅企業のニーズに対応できる、あくまでも商業銀行に軸足を置いた「地域金融機関型投資銀行機能」ではないかと考えることを述べてきました。

　このような地域金融機関型投資銀行機能に必要な要素は、なんといってもまずは「人材」と「ネットワーク」、そしていろいろな案件・ディールを実際にやっていく、つまり「経験」の積み重ねです。

　それからさらにいえば相応の資産規模に裏打ちされた収益力ではないでしょうか。できれば20兆円を超える規模と最終利益500億円から1,000億円の収益力があれば地域の中堅企業向けに相当のリスクテイクができるのではないかと思います。

こんなこと書いてしまうと、「いまの地銀のほとんどが当てはまらないではないか」と叱られそうですが、だからこそ、いまのままの規模の地銀ではなく広義の地域（いまの県単位のようなエリアではなくもっと広域のイメージです）の核になれるいわば「地方中核都市に拠点を置く『広域地銀』」が全国にいくつか誕生する必要があると思うのです。

　メガバンクはおおむね大企業を中心にカバーしており、一方大半の地銀、第二地銀、信金、信組は中小零細企業を主要な顧客としています。その一方で、本書でいうところの「中堅企業」は、実はいずれの金融機関もカバーできていない層だといえないでしょうか。もちろんメガバンクも地銀もこのような中堅企業を数多く取引先として抱えてはいますが、メガバンクが地方の中堅クラスの企業に正面から向き合っているとはとうてい思えないし、一方地銀の側も大企業と同種の課題に的確なソリューションを提供できるだけの人材、能力、経験があるとはいえないのが実情ではないでしょうか。このような中堅企業には日常的な資金需要がそれほどあるわけはないので、貸出の一本足営業だと、正直、だんだん敷居が高くなって取引のネタに苦慮することが多いと思います。

　地銀は再編・統合を通じてその経営規模を拡大して、まずは量の面でのリスクテイク能力を高める必要があり、そして、規模の拡大だけでは身につかないこのような投資銀行的な能力も拡充すべきではないでしょうか。

　つまり、再編・統合を通じて規模の拡大を図るのが二次元的な水平方向への成長だとすると、規模を背景に、人材・ネット

ワーク・知見の集積などいわば垂直方向にも成長しなければなりません。まさに、このような質・量ともに「立体的な成長」こそ、広域地銀の目指すべきところではないでしょうか。

質だけでもだめですし、量だけでもいけないと思います。

いろいろなところで地銀再編の話題になると「『再編・統合』だけが地銀の将来ではない」という論調、つまり、大きくならなくてもほかがやらないサービスや顧客とのリレーションで独自の生き方を主張されることが多くあります。「再編・統合」はあくまでも選択肢の一つに過ぎないというわけですが、それでは、実際に「再編・統合」以外に何があるというのか、ほかの選択肢が何なのか思いつきません。第一、そんなに悠長に選択肢などといっていられるほど地銀の足元の経営状況に時間的余裕があるのでしょうか。

もちろんすべての地銀が規模を拡大して、広域地銀になる必要もないし、地域の個人、中小零細事業者にしっかりとしたリレーションシップバンキング機能を提供するのも地域金融機関の役割だと思います。

ただし、それはあくまでも小規模地銀・信金・信組のような地域密着経営に徹する場合の話で、現実には多くの地銀がフルスペックの銀行であろうとして過大なIT投資や稠密な店舗網ゆえの高コストに悩み、その一方でリレーションシップバンキングの肝ともいえる店舗網や人材をまるで負のレガシーのように扱おうとしているのではないかと思えてなりません。

地域の中堅企業とその経営課題に向き合えるだけの規模と能力を備えた広域地銀は広義の地域に一つあればいいのであって

（たとえば半日かせいぜい日帰りで往来できる距離）、いまのように全国に100を超える数の地銀が同種の金融サービスを競い合う必要はないのではないでしょうか。

　本書ではあくまでも地方の中堅企業を地域の中核企業として位置づけて、そういった企業の経営課題に正面から向き合える広域地銀が必要ではないかというのが本旨ではありますが、実はこのような中堅企業は東京周辺にこそ数多く立地しています。

　私が実際に経験した例を一つご紹介します。

　10年ほど前、リーマンショックの翌年でしたが、当時私は銀行の融資担当役員として貸出審査、事業再生の責任者でありました。

　地元のメイン取引先に業績不振の卸売業のA社がありました。

　DES（デットエクイティスワップ＝債務の株式化）や金利減免・返済猶予など、あらゆる手法を駆使して資金繰りを支える金融支援を実施しました。

　余談ですが、かつて2000年代初頭の頃の事業再生事案では債権放棄、DESなどの金融支援とあわせてスポンサー企業の招聘が重要なテーマであったことが多かったと思います。つまり、金融支援で過剰債務の解消を目指しても実現できるのはあくまでも貸借対照表の改善であり、それだけでは事業再生は完結しません。損益計算書を右肩上がりに改善でき、その後の経営を担っていくのは、やはりスポンサーであり、その確保が重要でした。

　また金融支援を必要とするくらい状況が悪化しているわけで

すから、何より必要なのは金融面だけでなく、仕入先・販売先さらには従業員を含めた信用の回復です。スポンサーに求めたのは金融支援後の経営とそのことによる信用回復だったわけです。

　もちろん金融支援に際して経営責任を求めた結果でもあるわけですが、その頃の私の仕事の大半は、スポンサー企業との支援条件をめぐる交渉であり、同時に私的整理をまとめるための他金融機関の同意取付け交渉でした。

　当時はいまと違ってメイン寄せが横行していて、主力行以外はいかにして負担を主力行にしわ寄せして逃げるかという貸し手としての矜持を疑いたくなるような状況でした。1997年、1998年の金融危機で実質破綻する銀行が続出するなか、またその後も不良債権比率をいかに下げるかに血道をあげざるをえなかったあの時代、ある意味やむをえなかったともいえるとは思います。とはいえ銀行の矜持が失われて、生き残るためにはなんでもやるみたいなあんな時代がまたやってきていいはずはありません。

　低金利が続くいまのままでは、いかにも多過ぎるといわれている地銀が、それぞれ持続可能なビジネスモデルを構築して生き残っていけるのか、はなはだ疑わしいといわざるをえません。

　さて、A社の案件は、金融支援は実施するもののスポンサーを招聘せずに自主再建を図るというものでした。業績不振と財務状況の悪化が続くA社の場合、メインバンクとしてやるべきは、金融支援の実施に加えて、スポンサーにかわって仕入先な

どからの信用を回復させることでした。

当時、業績不安から仕入先メーカー等から商品供給を制限されたり、仕入条件を厳しくされたりで、このことがますます事業再生の足枷になっていました。もちろん金融支援の意味は大きいとは思いますが、それだけでは信用補完とまではいえないことが多いものです。

そこで私は、メインバンク役員としてA社の社長を伴って主な仕入先（ほとんどが在京の中堅企業）を訪問して、円滑な商品供給と取引条件の改善をお願いして回りました。

そのなかの一つB社は創業から100年を超える年商500億円の中堅から大企業で、上場会社ではありますがいわゆるオーナー経営の会社でした。B社の社長は大変立派な方で、われわれの趣旨をすぐに理解していただき、これまで同様の商品供給を約束していただきました。その際B社の社長がいわれたことがきわめて印象深く、その後もずっと頭のなかから消えることがありませんでした。

曰く「うちは代々某メガバンクをメインに取引してきたが、うちが経営不振に陥ったときに、はたしてメインバンクの役員が私と一緒に取引先を回って頭を下げてくれるだろうか。地銀というのはすごいですね、『自分の銀行が支援するから商品供給をお願いする』なんていうんですね。うちも地銀との取引も考えなくてはならないかな」

この話を聞いて、年商500億円の企業も東京ではまさに中堅企業であって、筆者のいう、「中堅企業の経営課題にがっぷり四つで組み合える銀行があるのか」「もしかすると、これまで

福岡でやってきた法人向け金融サービスが、そのまま力を発揮できるのではないか」と思ったことがあります。

　これまで地銀の東京支店といえば、丸の内の大企業向けのぶら下がり融資か他社アレンジのプロジェクトファイナンスやシンジケートローンのようなものが多く、東京地元企業への展開はそれほど多くないのではないでしょうか。

　その意味で、このような企業も東京という地域にある「地方中堅企業」といえるかもしれません。

　広域地銀が、東京も含めてこのような中堅企業に強固なリレーションを築いて最適なソリューションを提供できるようになれば、広い意味の地方創生におおいに貢献できるのではないでしょうか。

2023年3月

吉戒　孝

あとがき

　「中堅企業」特に一定の業種に属する「コア企業」に着目して、「成長資金ではないリスクマネー」を地域経済や地域金融機関との関連で取り上げてきました。「中堅（コア）企業」「成長資金ではないリスクマネー」は、いずれも、従来、あまり認識されなかった視点ではないかと思っており、以下にいくつか補足をしたく思います。

１．「中堅企業」と「成長資金ではないリスクマネー」

　従来、「中小企業」というくくりで議論がなされてきました。ここでは「中小企業」ではなく「中堅企業」というくくりで企業を把握して、大企業とも小企業・零細企業とも異なる中堅企業の特質や社会的要請を理解することが、地域経済や地域金融機関の将来を論じるため重要としています。

　そして、中堅企業の多くは成熟産業に属する成熟企業ですから、

① 　地域経済や各種業界は成長企業や成長産業ばかりではなく成熟企業や成熟産業でも成り立っていると認識する

② 　そのため、成長企業や成長産業の大きな成長が大事であることはもちろんだが、成熟企業や成熟産業の堅実な成長も同様に大事であると理解する

③ 　そこで、成熟企業が中心である中堅企業の「中堅企業に特有の資本面の課題」を、企業の「独立」を維持するかたちで解決するための資金である「成長資金ではないリスクマ

ネー」の必要性に目が向く

と話がつながります。

２．成長の姿

　また、中堅企業、特に成熟産業に属するコア企業に求めたい
成長の水準とは、ベンチャー企業のようにリスクマネー供給者
へ数十％の投資利回りをリターンとして提供するほどの水準で
はなく、また、上場大企業のようにROE８％以上という指標
に立った水準でもなく、「成長のためのリスクマネー」という
従来の議論が前提とする水準とは異なるものになります。世の
中は成長企業ばかりで成り立っているのではなく、堅実に成長
する成熟企業が多くの業界や地域経済での中心的な存在ですか
ら、「あまり、成長、成長というな」ということになります。

　とはいえ、小企業や零細企業であれば、あえていうと、いわ
ば「生業」で営んでいるので、企業は維持存続して周りに迷惑
をかけなければよく、「企業が成長しているかどうか、また、
儲かっているかどうかは、企業の周りの者が云々するものでも
ない」でしょうが、中堅企業であれば、「企業は社会的存在で
あるので、成熟産業であってもゼロ成長でよいというわけでは
なく、たとえば『名目成長を上回る程度』の成長は求めたい」
ということになります。

　また、企業の再編についても、上場大企業のように「『資本
コスト』がまかなえないので、企業の再編を行って株主の利益
に応える必要がある」という議論にはならないものの、中堅企
業では、「企業の一定の成長のために、あるいは、経済全体の
成長の反映として人件費が上昇していっそうの合理化が必要に

なって、企業の再編に進む」要請があることを理解するものです。

3．小企業などの軽視ではない

　ここではコア企業に該当する中堅企業を取り上げた関係で、小企業（従来のくくりに従えば「中小企業」の多くは小企業と分類される）について多くを述べてはいません。また、同様に、地方中核都市や広域地銀というくくりの議論が必要と考え、地方中核都市や広域地銀の役割を強調して、各地の地方都市や地域金融機関の役割について多くを述べてはいません。

　しかしながら、もちろん、小企業を軽視するものではなく、また、各地域や各地域金融機関が行うリレーションシップバンキング業務を軽視するものでもない点をご理解ください。

　2023年3月

　　　　　　　　　　　　　　　　　新発田　滋

【著者略歴】

吉戒　孝（よしかい　たかし）

福岡銀行前代表取締役副頭取。

1977年福岡銀行入行、2005年事業再生を所管する事業金融部長などを経て取締役総合企画部長、2011年福岡銀行代表取締役副頭取・ふくおかフィナンシャルグループ代表取締役副社長。2019年福岡銀行顧問就任（現職）、福岡キャピタルパートナーズ代表取締役会長・金融庁参与。2021年金融審議会委員（現職）。

2001年から2004年頃にかけて、不良債権問題、事業再生案件の担当として九州最大の百貨店岩田屋の私的整理による再生事案、ドーム球場などいわゆるダイエー福岡事業の私的整理、市街地再開発事業の整理などの地元第三セクター案件などに実務責任者として携わった。

2005年頃からは、主に企画部門で地銀再編を担当。2007年に熊本銀行（熊本県）、親和銀行（長崎県）を統合し、さらに2019年には十八銀行（長崎県）の統合を実現した。

十八銀行の統合においては、長崎県における寡占問題から公正取引委員会との折衝責任者として独占禁止法特例法制定の流れに携わった。

新発田　滋（しばた　しげる）

福岡キャピタルパートナーズ取締役（現職）。

1980年三井銀行入行、企業取引・M&Aアドバイザリー業務などに従事。2002年KPMG FAS入社、執行役員パートナー、事業再生・M&Aアドバイザリー業務などに従事。2019年福岡キャピタルパートナーズ取締役、プライベートエクイティ業務。

主な著書に『企業再生型M&Aの進め方』（日本実業出版社）がある。

独立型出資構想と地域金融機関の役割
──地方創生を支える「コア企業」の未来

2023年5月10日　第1刷発行

著　者　吉　戒　　　孝
　　　　新発田　　　滋
発行者　加　藤　一　浩

〒160-8519　東京都新宿区南元町19
発 行 所　一般社団法人 金融財政事情研究会
出 版 部　TEL 03(3355)2251　FAX 03(3357)7416
販売受付　TEL 03(3358)2891　FAX 03(3358)0037
URL https://www.kinzai.jp/

校正：株式会社友人社／印刷：株式会社日本制作センター

ISBN978-4-322-14339-3